선우는 열매를 먹었다

지성 지음

하움

「믿음은 오류 없이 신을 설명할 때 의심받지 않는다.」

1

선우는 2년 전 남양주로 이사 왔다. 그리고 한 달에 한두 번씩 어머니는 반찬을 들고 아들을 보러 온다. 엘리베이터가 없는 4층 건물 401호가 선우의 집이다. 얼마 전 중고로 구매한 식탁이 썰렁했던 거실 중앙에 놓여 있다. 직사각형의 철제 프레임에 1.6m쯤 되는 나무 조각 다섯 개를 맞추면 된다. 4층까지 오르고 내리기를 6번 반복해야 했다. 음식물이 떨어지면 나무 사이에 끼기도 했지만, 식탁 위는 책과 싸구려 양주병, 각종 세금 고지서가 널브러져 있다. 거실 양옆으로 작은방과 큰방이 있는데 방마다 큰 유리가 달린 창문에서 시원한 바람이 분다. 사방이 빌라들로 막혀 있지만 태양이 사위를 밝히면 햇살은 창을 통해 방안 곳곳까지 파고들었다.

이 집을 계약한 이유는 해가 잘 드는 옥상을 단독으로 사용할 수 있었기 때문이다. 하지만 옥상 철제문을 열고 나가면 빌라들이 위아래로 노려보고 있었다. 마치 단두대에 끌려 나온 죄인을 구경이라도 하듯 동태를 살피는 눈들이 보였다. 선우는 옥상에서 볕을 쬐지 않은 지 오래됐다. 어머니의 집을 떠난 이후로, 나타나지는 않지만 여전히 누군가 지켜보고 있는 듯한 의심은 떨칠 수 없었다. 그럼에도 여름이 오면 세 개의 창문을 열어 놓았다. 더위와 쾌쾌한 방 안 공기가 수명을 재촉하는 느낌이 들었기 때문이다. 물론 거실 창문에도 얇은 커튼을 쳐 놓았지만, 여전히 주변의 시선들은 흰 천을 넘어 들어왔다.

밤사이 더위와 싸우며 피부를 뚫고 삐져나온 땀 때문에 기름이 덕지덕지 붙어 있었다. 선풍기는 밤새 돌았지만 흐르는 땀을 멈추지는 못했다. 선우는 침대에서 몸을 일으켜 거실로 나갔다. 고장 난 벽걸이 에어컨을 물끄러미 보다가 현관문 오른쪽에 있는 화장실로 들어갔다. 샤워기를 틀었다. 물이 세차게 나왔다. 머리부터 닿은 물줄기는 금세 몸을 적셨다. 차가운 물은 뜨겁게 달궈진 피부 속에 숨을 불어넣었다. 타월에 비누를 묻히고 거품을 냈다. 거품은 피부와 마찰을 일으키며 기름을 녹여냈다. 그리고 녹은 기름은 거품과 함께 물에 쓸려 내려갔다.

물기를 닦고 화장실 앞에 있는 작은방으로 들어갔다. 옷걸이에는 몇 벌 안 되는 옷이 걸려 있고 조그만 옷장에는 속옷이 들어 있었다. 새 팬티를 찾아 입었다. 그리고 흰색 양말을 들고 거실로 나왔다. 식탁 의자에 걸쳐 놓은 초록색 반바지를 입고 큰 방으로 갔다. 큰 방에는 침대와 책장, 작은 소파가 창문을 가리지 않은 채 벽면에 붙어 있었다. 책장에는 신학 서적이 꽂혀 있고 소파 위에는 얇은 매트리스와 이불이 올려져 있었다. 어머니가 오는 날이면 침대 옆에 매트리스를 깔아 놓았다. 방이 조금 어수선했지만, 크게 신경 쓰지 않았다. 소파 팔걸이에 대충 던져 놓은 남색 반팔 티셔츠를 입고 전자시계를 손목에 찼다. 하얀색 양말에 검정 운동화를 신고 걸어서 10분 남짓한 학원으로 향했다. 더워진 날씨 탓에 아스팔트 위는 열기가 피어올랐다. 얕은 오르막을 걷다 보면 건널목이 나왔다. 신호등에서 초록 불이 될 때까지 선우는 얼마 전 어머니와 나눈 통화 내용을 떠올렸다.

"아들. 정신과 치료받아야 해."
"그런가?"
"요즘도 누가 뭐라고 하니?"

"아니."

"그럼?"

"그냥, 누군가 지켜보는 것 같아."

신호등에서 초록 불이 깜박였다. 몇 사람이 건널목을 건너는 사이 선우는 생각에 잠긴 채 인도에 서 있었다.

'엄마는 아직도 내가 미쳤다고 생각하는 거잖아! 더 이상 생각을 하지 말자. 평범하게 행동해야 해.'

고개를 들어 보니 몇 번 깜박이던 초록 불이 빨간 불로 바뀌었다. 신호등을 보며 한숨을 쉬었다. 멍하니 있는 습관을 고쳐 보려 했지만 혼자 있는 시간이 길어질수록 증상은 나아지지 않았다.

몇 달 전부터 생활비를 벌기 위해 학원 차를 몰았다. 아이들의 시간에 맞춰 데려오고 데려다주면 됐다. 이곳에 아이들은 선한 것과 악한 것에 대한 구분 없이 감정에 솔직했다. 숨길 수 없는 거짓말은 죄를 알지 못하는 에덴 사람 같았다. 선우는 자신이 떠나온 길을 후회하지 않았다. 어디서나 새 에덴은 존재했다. 한곳에 오래 머물지 못했던 선우에게 이곳은 당분간 안식을 찾을 수 있는 공간이었다.

마지막 아이를 바래다주고 집으로 오는 사이 어머니는 집에 도착했다. 공동 현관문 비밀번호를 누르고 4층 계단을 오르는 동안 찬송가 소리가 점점 크게 들렸다. 활짝 열어 놓은 문을 통해 흘러나오는 음악 소리는 빌라 안을 가득 메웠다. 그리고 식탁에는 저녁 밥상이 차려져 있었다. 선우는 조용히 현관문을 닫고 찬송가를 껐다. 어머니는 오랜만에 본 아들의 행동이 못마땅한 듯이 말했다.

"왜 찬송가는 끄고 그러니?"
"빌라에 나만 사는 건 아니잖아. 찬송가 소리가 너무 커!"
"찬송가가 들리면 좋은 거지! 우린 다 하나님의 자녀지 않니?"
"여기 사는 사람 모두가 신을 믿지 않아. 누군가는 불편해할 수 있어. 나도 그렇고!"

어머니는 한숨을 내쉬며 말했다.

"알았어. 고기 넣고 김치찌개 했어. 밥 먹어."

주변을 둘러보니 의자에 걸어 놓았던 옷가지는 작은방으로 옮겨졌고 고지서는 찬장으로 들어갔다. 그리고 술과 책은 가지런히 정리되어 있었다. 식탁에 앉은 선우는 국물을 한 입 떠먹더니 김치를 고기에 싸서 밥과 함께 입 안으로 넣었다. 다른 반찬은 건드리지 않았다.

"이것도 먹어 보렴."

오이지다. 아버지가 좋아했던 음식이다.

"아빠도 오이지 좋아하셨잖아?"
"맞아! 네 아빠도 오이지 좋아하셨지."
"나도 좋아. 오이지."

오이지를 먹던 선우는 한동안 말없이 밥알을 씹었다. 그리고 찌개가 식어 갈 때쯤 어머니는 조심스럽게 말을 꺼냈다.

"이제 신학은 안 할 거니?"
"어!"

단호하게 대답한 선우는 신학을 전공했다. 독실한 기독교 신자였던 어머니의 영향이 컸다. 인간 예수가 신이 되기 위해 죽음을 선택했다는 것을 알았을 때 그를 동경하며 같은 길을 걷고자 했다. 예수가 신이 되기까지의 거리를 계산하면 몇백 광년은 가야 할 것이다. 그러나 그 거리를 죽음으로써 단번에 도달했다. 선우는 인간 예수가 신이 되었던 길을 좇았다. 예수처럼 살기 바랐던 믿음에 대해 누구도 의심하지 않았다. 그러나 그가 나타난 이후로 교회를 떠났다. 선우는 더 이상 그를 만나기 두려웠다. 그는 질투심 가득한 독재자와 같았다. 그리고 어머니는 아들이 여전히 목회자가 되기를 바라는 마음을 포기하지 않았다.

"왜? 예전에 목회자가 되겠다고 했잖니?"
"어차피 인간은 죽으니깐. 그래서 목회자가 되려고 했던 거야."
"그런데 지금은 왜 안 하겠다는 거니?"
"어떤 인간도 영원히 살 수 없으니깐. 인간은 그럴 수 없어. 신만이 영원히 사는 거야."
"우리는 하나님을 믿기만 하면 영원히 살 수 있어."
"누가? 성경에? 그걸 믿어? 믿음을 어떻게 증명하는데? 예수를 닮지 않고서는 믿음을 증명할 수 없어. 예수가 어떻게 죽었는지 알잖아? 그런데 누구도 그런 죽음을 원하지 않아! 그리고 누구도 예수처럼 죽을 수 없다고 그가 말했어!"
"그가 누구니? 다시 환영이라도 보는 거니?"
"아니야! 어쨌든 인간은 영원히 살 수 없어. 영원히 살고 싶으면 스스로 죽음을 선택해야 해. 믿음이 영생을 주진 않아.”

"하나님이 없다고 생각하는 거니?"

"하나님? 신은 있지. 내가 봤으니깐. 그런데 그를 믿는다고 영생이 주어지진 않아. 인간은 죽으면 땅속에 묻혀. 그리고 시간이 지나면 흙으로 돌아가는 거야!"

"예수님은? 예수님은 하나님의 아들이잖아! 예수님도 살아 계시지 않다는 거니?"

"예수는 오래전에 죽었어. 예수가 살아 있다고 믿는 건 타인의 죄까지 짊어지고 죽었기 때문이야. 그 죽음으로 최고의 삶을 누리고 있는지도 모르지. 신이 됐으니깐. 예수는 살아서 나타나지 못해. 신은 자신과 같이 되는 인간을 용납하지 않아. 영생도 신만이 누릴 수 있는 거야. 난 예수를 좋아해. 그런데 그를 닮아 가는 건 교만이고 욕심이야. 아무나 신이 될 수 없거든. 우리는 예수처럼 죽지 못해.”

"그러면 어떻게 믿음을 증명하니? 예수님의 제자들처럼 순교라도 해야 하는 거니?”

"순교는 신을 높이기 위한 희생일 뿐이야. 신은 믿음을 견고히 하기 위해 아무도 가지 않는 길을 그곳까지 인도한 거야. 순교자는 처음부터 신이 될 생각이 없었던 사람들이었어. 예수의 죽음은 사람들의 죄를 위한 것일 뿐, 신을 위한 죽음은 아니었어. 어쩌면 믿음을 증명하는 건 무의미한 일인지도 몰라.”

"죽으면 우리는 어디로 가는 거니? 영생할 수 없다는 거니?"

"사라지는 거지. 제사를 원한다면 족보에 기록해 두고 후손을 남기면 돼. 물론 평범한 죽음이 언제까지 기억될지는 모르겠지만, 신이 되면 영원히 기억될 거야. 확실한 방법은 죄를 짊어지고 죽는 거야. 어떤 인간도 영생할 수 없어.”

"하나님은 왜 우리를 만든 거니? 왜 살게 하는 거니?"

"신은 엄마의 믿음을 먹고 살아. 그 믿음으로 영원히 살았던 거야. 그래서 믿음을 강요당했던 거고. 언제부턴가 믿음은 당연한 것이 됐어. 영생하고 싶다면 예수처럼 죽어야 해. 인간은 처음부터 신을 위해 살았거나 신을 떠나지 못한 것일 수 있어."

"그러니? 엄마는 마음이 아프다. 교회라도 나가 보지 그러니? 언제쯤이면 괜찮아질 거니?"

"이미 오래전에 떠났잖아. 그곳에는 주인이 있어. 날 반기지 않을 거야. 어딘가 예수의 흔적이 남아 있다면 어디서든 에덴이 될 수 있어."

"그래. 알았다. 밥 식겠다. 어서 먹으렴."

2

선우가 목회자가 되겠다고 마음먹은 건 군대에 있을 때다. 불침번 근무자는 선우를 깨운다.

"우선우 상병님, 일어나십시오. 근무 나갈 시간입니다. 우선우 상병님, 근무 나갈 시간입니다."

침상에 누워 손목에 찬 전자시계에 불을 밝혔다. 밖은 아직 어두웠다. 해가 뜨기까지 몇 시간은 더 있어야 했다. 침낭을 걷고 관물대에 올려놓은 군복을 집어 들며 불침번 근무자에게 말했다.

"전 근무자 사수가 누구지?"

"이정희 병장님입니다."

헬멧과 탄띠를 착용하고 군화를 신었다. 내무실 바닥에 뿌려 놓는 물기는 거의 말라 가고 있었다. 문을 열고 어두운 생활관 복도로 나갔다. 비상구 등이 행정반으로 가는 길을 비추고 있었다. 잠이 덜 깼지만 정신을 차리려 애쓰지 않았다. 반쯤 감긴 눈으로 행정반으로 들어갔다.

"충성. 우선우 상병. 행정반에 용무 있어서 왔습니다."

당직 사관은 고개를 끄덕였다. 총기함 열쇠를 받은 당직 부사관은 총을 꺼내 마지막 근무자들에게 주었다. 행정반에 먼저 와 있던 노연우 일병은 총번을 대며 총을 받았다. 그리고 인솔자를 따라 탄약고 창고로 향했다. 막사 계단을 내려와 연병장 단상 뒤편으로 걸었다. 밖은 풀벌레 소리로 진동했다. 선우는 조경수 사이로 틈틈이 보이는 연병장을 바라봤다. 잠이 덜 깬 탓인지 미동도 없이 중앙에 서 있는 마른 체격의 사람이 보였다. 미간을 찡그리며 재차 그를 확인했다. 조경수가 걷히면서 뚫어지게 바라보던 그가 사라졌다.

연병장을 지나면 탄약고로 가는 가파른 계단이 나왔다. 계단 끝에 다다르면 우측으로 굴곡진 흙길이 나오는데 지대가 높아 부대가 한눈에 보였다. 풀이 자란 흙길에서 선우는 고개를 돌려 연병장을 내려다봤다. 방금 서 있던 사람도 고개를 돌린 채 선우를 보고 있었다. 달빛은 구름 뒤에서 부대 밑으로 그림자를 만들었다. 시선을 떼지 않은 채 서로를 응시했다. 이내 구름이 걷히며 연병장은 밝아졌다. 선우는 대수롭지 않은 듯 눈을 비비며 근무초소로 발길을 옮겼다. 그도 밝아진 틈으로 사라졌다. 그리고 전 근무자가 자세를 취하며 수신호를 했다.

"정지! 정지! 움직이면 쏜다. 다람쥐."
"솔방울."

연병장이 한눈에 보이는 탄약고 초소로 들어갔다. 작은 생명체의 낙엽 밟는 소리와 고양이 울음소리가 들렸다. 선우는 이곳에서 1년 5개월을 보냈다. 야간 근무를 설 때면 시간은 더디게 갔다. 아무 말 없이 숲의 일부처럼 날이 밝을 때까지 기다리는 것 외에는 할 수 있는 것은 없었다. 시간을 빠르게 하기 위해 막연히 큰돈을 버는 상상을 했다. 흰 피부를 가진 아내와 귀여운 자식들, 마당이 넓은 집과 외제 차를 그렸다. 시간은 계속해서 흘렀다. 30대, 40대, 50대, 80대. 검버섯이 무성하게 핀 무색한 노인이 지팡이를 짚은 채 마당에 앉아 있었다. 그리고 숨을 다하고 차갑게 식은 자신이 보였다. 수십 번의 상상은 죽음으로 끝났다.

언젠가 인간은 모두 죽을 것이다. 생명은 영원하지 않았다. 초침은 인간을 죽음으로 이끌었다. 고통의 날들을 끝내기 위해 어떻게 죽어야 할지 고민해야 했다. 그래서 죽음으로 영원히 살고 있는 신에게 선우는 귀화하기로 했다. 죽음을 피할 수 있는 유일한 길이었다. 상상과 망상의 늪이라는 새벽녘에서 선우는 깨달음을 얻었다. 칠흑 같은 어둠 속에서도 길을 밝혀 주는 등은 죽음이었다.

그리고 연병장 중앙에 서 있던 그는 누구의 시선도 느끼지 못한 채 늪에 빠져 있는 선우를 보고 있었다. 개머리판을 허리춤에 대고 있던 노연우 일병은 뒷덜미를 잡고 진득한 늪에서 꺼내기라도 하는 듯 말을 걸었다.

"우선우 상병님은 제대하시면 뭐 하실 겁니까?"
"……."
"무슨 계획 없으십니까?"

"별생각 없어. 넌?"

"저는 나중에 철도대학 가려고 합니다. 그리고 한국철도공사에 들어갈 겁니다."

"왜?"

"안정적이고 급여가 괜찮습니다. 우선우 상병님은 계획 없으십니까?"

"나?"

선우는 며칠 전부터 상상해 왔던 삶의 마지막을 봤다. 어떤 계획이 자신을 평안하게 할지는 명확했다. 누구에게나 죽음을 말한다면 고개를 끄덕일 것이다. 인간은 알고 있는 사실에 대해 현재를 살아갈 뿐이다. 확실한 생각은 고민을 없앴다. 숲이 준 깨달음은 어떻게 살 것인지가 아닌, '어떻게 죽을 것인가'였다.

"신에게 귀화할 거야."

"그게 무슨 말입니까?"

"어차피 우리는 다 죽을 거야. 그리고 왜 그곳에 존재했는지도 모르겠지. 그래서 신이 나를 기억할 수 있도록 신에게 갈 거야. 넌 죽음에 대해 생각해 본 적 없어?"

"아직은 생각해 본 적 없습니다."

"만약 입대와 전역을 탄생과 죽음에 비유한다면 내 생명은 4분에 1밖에 남지 않았어. 그리고 몇 개월 후면 전역할 거야. 군대는 규칙이 많아. 다양한 일도 일어나지. 그런데 그것들이 전역한 후에 무슨 소용이 있을까? 죽은 다음에 나에게 의미 있을까? 네가 날 편하게 생각해도 문제 될 건 없어. 이곳도 평안하기에 부족함이 없거든, 우린 다 전역할 거니깐."

"이곳은 나 하나 전역해서 끝나는 곳이 아니지 않습니까. 계속해서 후

임들은 들어올 겁니다. 군대가 사라지지 않는 이상 규칙과 질서는 평안을 제약할 겁니다. 무엇보다 밖으로 나가면 해야 할 일이 많습니다."

"맞아. 네 말대로 전역 후에 우린 또 살아가겠지. 남아 있는 사람도 살아갈 거야. 다른 뜻은 없었어. 어쨌든 난 신에게 귀화할 거야."

'연우는 안정적인 직장과 그의 삶을 인정해 줄 여자를 만날 것이다. 한 침대에서 잠을 자고 밥을 먹고 드라마를 볼 것이다. 아파트 대출금을 갚으며 늙어 갈 것이다. 자녀를 낳는다면 기쁨과 슬픔을 동시에 느낄 것이다. 시간은 되도록 빨리 갈 것이다. 그리고 죽음을 맞이할 것이다. 자녀들은 연우의 마지막을 지키며 화장터로 가는 길을 배웅할 것이다. 뜨거운 불길 속으로 뻣뻣하게 마른 피부가 녹을 것이다. 새하얀 뼈가 부서지며 가루가 될 것이다. 그리고 작은 상자에 담겨 장남의 손에 쥐어질 것이다. 연우의 영혼은 흰 가루가 된 자신을 바라보고 있을 것이다.'

선우는 연우가 신을 좇기를 바라지는 않았다. 삶은 스스로 선택하는 것이다. 그러나 신을 믿는 것은 신의 선택에 달려 있다. 스스로 신을 찾길 바랄 뿐이었다. 물론, 신은 선택받지 않은 이에게 응답하지 않을 수 있다. 어디까지나 선택은 신의 뜻이기 때문이다. 그러므로 인간이 인간에게 신에 대해 믿음을 강요하는 것은 교만이다. 신의 선택을 시험하는 선우에게 새벽은 믿음을 주었고 연우에게는 꿈을 주었다.

목사가 되겠다는 것은 꿈이 아니다. 최소한 그 길은 꿈이 아니었다. 고난이고 고통이었다. 오지 않을 것 같은 죽음에 마중 나가는 것이다. 인간을 가장 인간답게 하는 것은 죽음으로부터 마중 나가는 것이다. 그것이야말로 영원히 사는 것이다. 신의 길은 항상 그랬다. 선우는 자신의 뼛가루를 보며 슬퍼하는 이들이 보고 싶지 않았다. 그래서 신께 귀화하려 했다. 숲의 작은 존재가 된 그들은 한동안 침묵했다. 그리고 생각을 마친 듯 연우는 말했다.

"죽음 이후에는 어떤 삶이 있습니까?"
"죽어 보지 못해서 모르겠어. 그런데 누군가의 경험은 기록되어 있어."
"누구입니까?"
"예수. 모두가 알고 있는 사람이지. 어쩌면 죽는다는 것은 영원히 사는 것과 같아. 우리는 죽음을 피할 수 없어. 지금이라도 받아들이는 연습을 해야 해. 그래서 죽음에게 먼저 가는 거야. 죽음의 처음 줄에 서 있는 거지. 그것이 신과 가장 가깝다는 의미도 되니깐."
"굳이 죽음에 먼저 갈 필요 있습니까? 죽음을 앞두고 있다면 인생을 아끼지 않고 사는 것이 낫지 않습니까? 그래야 후회 없이 죽지 않겠습니까? 어떻게 죽음이 영원히 산다는 말인지 이해할 수 없습니다."
"물론 우리는 현재를 살아야지. 무엇이 우리를 살게 하는지 각자 생각이 다를 거야. 넌 네가 원하는 삶을 살아. 난 내 삶을 살게. 그래도 우린 언젠가 여기를 전역할 거야."
"우선우 상병님이 계획하시는 일이 신에게 가까이 가는 것이라면 신에게서 무엇을 얻을 수 있습니까? 예수도 십자가에서 죽지 않았습니까? 죽음 앞에 신이 있다면 자신에게 가까이 오는 이에게 무엇을 줄 수 있습니까?"

예수를 알고 있는 연우도 신을 믿지 않았다. 죽음에 대해 말을 꺼낸 선우는 마음이 무거웠다. 신에게 귀화하는 것이 죽음에 가까워지는 것이라면 '나'라는 존재는 없었다. 어쩔 수 없이 죽음 앞에 가야 하는 인간을 더욱 나약하게 만들 뿐이었다. 그리고 믿음 없는 이에게 신은 자유를 박

탈당한 느낌을 줄지도 몰랐다.

 신은 인간을 자유하게 하기 위해 왔지만, 정작 인간은 신 앞에 자유하지 않았다. 순종과 복종은 정해진 길을 가게 하는 신의 굴레 안에 인간을 가두는 것과 같았다. 결정 권한 전부를 신의 선택에 위임할 수밖에 없는, 죽음을 앞둔 인간이기 때문이다. 언제 죽을지 모를 인간에게 처음부터 자유란 존재하지 않았다. 항상 후회하는 삶은, 살아 있는 날들의 고통을 보냈다. 그리고 종착지는 죽음이었다. 물론, 신이 인간을 창조했다는 가정하에 자유가 신의 테두리 안에 있다는 것도 연우에게 납득될 수 없었다. 죽음에 관한 불편한 감정은 인간에게 당연한 것이다. 왜냐하면 오지 않는 해를 하염없이 기다리는 것은 괴로운 일이기 때문이다. 주변에서 울어 대는 귀뚜라미 소리에 묻힌 채 선우는 나지막하게 말했다.

 "고통으로부터 해방. 평안 그리고 영원한 안식."

3

 설거지하는 어머니에게 선우는 깨끗이 비운 밥그릇과 수저를 가져갔다. 그리고 식탁에 차려놓은 반찬을 냉장고에 넣었다. 숟가락이 닿은 김치찌개를 가스 불에 올려놓으며 말했다.

 "얼마나 끓여?"
 "팔팔 끓을 때까지 둬."
 "끓인 상태로 냉장고에 넣어?"
 "그냥 놔둬. 냉장고에 참외 있어. 깎아 먹어."

참외와 방울토마토가 냉장고 밑 칸에 있다. 참외 한 개를 꺼냈다. 접시와 칼을 가지고 식탁에 앉았다. 어머니의 설거지 소리가 적막했던 선우의 집을 깨웠다. 집에 누가 있는 것은 어색했다. 이사 온 지 2년이 다 되어 가지만 어머니 외에 아무도 오지 않았다. 어차피 혼자 있는 것이 편했다. 세 개의 창문에서 시원한 바람이 들어왔다. 여전히 빌라들은 선우를 노려보고 있었다. 애써 시선을 의식하지 않은 채 생각의 매듭을 풀어내듯 참외 껍질을 벗겨내며 말했다.

"과일은 여기도 팔아. 무겁게 들고 오지 마."
"집 근처가 더 싸."
"왜?"
"몰라. 찌개 끓는다."

선우는 가스 불을 끄고 식탁에 앉아 다시 참외를 깎았다. 살을 드러낸 참외는 네 조각으로 잘렸다. 설거지를 마친 어머니도 식탁에 앉아 참외 한 조각을 입 안에 넣었다. 달고 아삭했다.

"두 개씩 먹으면 돼."
"한 개만 먹을게. 아들 세 개 먹어. 그리고 생각은 해 봤니?"
"무슨 생각?"
"정신과 치료."
"괜찮아. 건강하게 살려고 노력하고 있어. 누가 날 감시하든, 어떤 말을 하든 이젠 신경 쓰지 않아. 맘 편히 살고 있어. 문제없어."

식탁은 조용해졌다. 선우는 그렇게 말했지만, 여전히 주변의 시선이 느껴졌다. 그간 어색한 감정을 들키지 않기 위해 사람을 만나지 않았다. 말을 주고받는다면 그들은 이상하게 생각할 것이 분명했다. 선우에게 의심 없이 다가오는 이들은 학원 차량에 탑승하는 아이들뿐이었다. 안식을 얻을 수 있는 유일한 공간이었다. 그러나 그곳을 떠나면 불안감은 다시 돋았다. 어머니는 선우의 불안을 느끼고 있다. 선우 또한 어머니의 시선이 불편했다.

노을에 꽃이 피며 식탁 위로 붉은빛이 사선을 그렸다. 이미 한참 누워 버린 해는 방안 깊은 곳까지 드리워져 있었다. 무거웠던 침묵은 곧 은은해졌다. 그리고 어머니는 다그치듯 말했다.

"아무도 널 감시하지 않아! 누가 너한테 무슨 말을 하니?"

"안 한다고! 아무 말도 하지 않아! 날 보는 사람도 없어!"

"근데 왜 그런 말을 하니?"

"엄마는 아직도 내가 미쳤다고 생각하잖아!"

"그러니깐 병원에 가서 검사라도 받자는 거야."

"아니야! 병원에 가서 해결될 게 아냐. 내가 알아서 할게."

"… 위경련은?"

"이사 와서 한두 번 아프고 없었어. 그것도 내가 폭식해서 그런 거야."

"가위는? 요즘도 가위눌리니?"

"아니, 잘 자고 있어. 여기는 정말 조용해. 난 좋아지고 있어. 그러니깐 엄마도 제발 그만 신경 써."

"……."

4

선우는 전역 후 어머니가 있는 인천으로 갔다. 군대에 있는 동안 부모님은 이혼했고 어머니는 작은 빌라에 혼자 살고 있었다. 교회로 올라가는 중턱에서 좁은 골목으로 들어가면 새 둥지처럼 빌라 한 동이 덩그러니 세워져 있었다. 물이 고여 있는 지하 주차장은 오랫동안 사용하지 않은 듯 보였고 방안은 군데군데 바람이 새어 들어왔다. 어머니는 군복을 입고 있는 아들을 말없이 안아 주었다. 선우는 어린아이처럼 품에 안겼다. 그리고 신학교에 가겠다는 선우의 말에 환하게 웃었다.

"고생했네. 우리 아들 밥은?"
"먹어야지. 아빠는?"
"아빠? 서울에 있지."
"그래."
"이번 주부터 엄마 다니는 교회에 아들도 나와. 신학교 간다고 하면 목사님도 좋아하시겠다. 청년부 예배도 드리고 기타도 치고 찬양도 하고 열심히 해."
"알았어. 근데 성경 몰라도 신학교에 갈 수 있나?"
"공부하면 되지. 걱정하지 마. 하나님께서 다 하실 거야."

선우는 태아 때부터 어머니를 따라 교회에 다녔다. 세뇌라도 된 듯 사도신경과 주기도문은 자연스럽게 새겨져 있었다. 하나님은 사랑이고 우리는 죄인이다. 죄를 용서하기 위해 인간의 몸으로 예수를 이 땅에 보냈다. 그는 우리의 죄를 대신해 십자가에 못 박혔다. 예수를 믿으면 구원을 얻고 천국에서 영원히 살 수 있다고 했다. 그러나 목회자가 되는 것이 어떤 의미인지 몰랐다. 단지, 죽음을 피해 영원히 살 수 있는 길을 찾아갈 뿐이었다.

교회는 산 밑 마을 꼭대기에 있었다. 일요일이 되면 많은 사람이 모였다. 높은 지대를 깎아 지은 건물은 6개의 층으로 이루어져 있었고 정문은 5층으로 내어 있었다. 마치 지하 4층과 지상 2층으로 만들어진 듯했다. 큰 예배당은 꼭대기 층인 지상 복층형 구조로 이루어져 있었다. 내부는 안쪽 중앙 벽면에 단상이 있고 기다란 의자가 단상을 마주 보고 줄을 맞춰 복층까지 놓여 있었다. 담임목사님은 단상에서 설교했고 단상 밑으로 작은 단상이 있었다. 이곳에서 장로님, 권사님, 집사님은 대표 기도를 했다. 작은 단상 오른편에는 드럼과 앰프, 전자피아노가 놓여 있고 왼편으로 성가대석과 오르간이 있었다. 지하 1층은 식당이고 예배가 있는 일요일이면 이곳에서 밥을 먹었다. 2층은 중등부실과 세미나실이 있었다. 3층은 청년부 쉼터와 몇 개의 교육관이 있고 탁구대가 복도 한쪽 공간에 덩그러니 놓여 있었다. 4층은 세 개의 교육관과 소예배실이 있었는데, 3층에서 4층으로 이어진 좁은 통로도 있었다. 고등부는 이곳에서 예배를 드렸다. 5층에는 교회 사무실과 커다란 교육실이 있었다. 이곳에서 유치부가 예배드렸다. 교회 앞편과 뒤 편으로 주차장이 있었고 교회 정문을 등지고 왼쪽으로 들어가면 족구와 농구를 할 수 있는 공간도 있었다. 그리고 바로 앞이 관리실이었다. 교회는 크고 사람은 많았다.

토요일 오후 5시 선우는 청년부 예배에 참석하기 위해 지하 2층으로 향했다. 사람들은 낯선 이를 다른 세계를 돌다 온 외계인 보듯 봤다. 예배는 사도신경으로 시작해서 찬양과 설교 후 주기도문으로 끝났다. 그리고 새 신자를 환영하며 이방인을 소개했다. 그들은 더욱 신기한 듯 쳐다봤다. 이미 신학생이 될 것을 알고 있는 듯 청년부 회장은 앞으로 나와 마이크를 잡았다.

"오늘 교회에 새로 오신 분을 소개할게요. 이름은 우선우, 나이는 25살. 내년에 신학교에 입학할 예정이에요. 모두 박수로 환영해 주세요."

이방인은 낯선 문화에 적응하듯 입꼬리를 올리며 어색한 미소를 지었다. 그리고 목사님은 선우를 위해 기도했다. 하나님으로 시작해서 예수님으로 끝났다. 기도가 끝나고 조용히 자리로 돌아갔다. 그곳에 모인 사람들은 믿음이 깊어 보였다. 눈을 감고 기도했고 입을 벌려 찬양했다. 몇 명은 목사님의 설교를 따라 볼펜으로 무언가 적기도 했다. 이곳은 고통의 날들에서 기쁨의 죽음을 맞을 완벽한 도피처 같았다. 생명과 활기가 넘쳤다. 이방인을 형제처럼 대했고 그간 느껴 보지 못한 평안을 얻었다. 선우는 죽음을 걱정하지 않았다. 목사님이 단상을 떠나고 어수선한 분위기에서 같은 또래였던 성제가 인사했다.

"반갑다. 잘 지내 보자."
"반가워. 잘 부탁해."

전역과 동시에 서울을 떠나며 친구들과 멀어졌고 인천에는 아는 사람이 없었다. 그의 호의는 반가웠다. 까만 피부와 넓은 어깨는 단단한 쇠처럼 보였고 쌍꺼풀 없이 처져 있는 눈은 친근하면서도 강한 인상을 주었다. 경찰이 되기 위해 시험을 준비하고 있었던 그에게 교회 동생들은 말과 행동을 조심했다. 어디까지나 성제가 만들어 내는 분위기는 선우가 이곳에서 적응하기에 어려움이 없어 보였다. 그리고 몇몇 친구를 더 사귈 수 있었다.

"이제 뭐 할 거야? 밥 먹으러 같이 갈래?"
"어."

이방인을 대하는 그들의 방식에 순응하며 성제의 차에 탔다. 그리고 인하대 후문에 있는 찜닭집으로 향했다. 청년부들이 주로 가는 곳이라고 했다. 큰 접시에 음식이 담긴 채 옹기종기 둘러앉아 먹기에 좋았다. 함께 음식을 먹으며 도란도란 이야기를 나누는 크리스천의 밤이었다. 이리저리 머릿속에 부딪히는 죽음에 대한 갈등은 생명을 잃어도 후회하지 않을 만큼 기쁨으로 가득 찼다. 나눔의 기쁨은 신이 인간에게 부여한 믿음의 증거 중 하나였다. 이방인을 환영하는 그들은 항상 기뻐하고 감사했다. 예수는 늘상 저녁 식사에 우리를 초대했다. 노력할 필요 없이 거저 얻어지는 기쁨의 만찬이었다. 죽음 이후에 올 천국이 이와 같다면 신은 생각하는 곳보다 멀리 있지 않을 것 같았다.

'죽음 다음에 올 천국의 맛이 이와 같을까? 천국이 지금과 같은 곳이라면 애써 죽음을 생각할 필요 없다. 살아 있는 삶과 죽음 이후의 삶이 같다면 죽음을 피하거나 스스로 맞이할 이유도 없다. 신을 믿는 대가는 사랑이다. 마약과도 같은 신의 축복이다. 인간은 신을 믿으면 대가 없는 사랑을 얻는다. 여인의 품보다 부드럽고 부모의 관심보다 뜨겁다. 눈을 깜박이는 순간조차 신은 따뜻한 미소를 보낸다. 인간이 인간에게 주는 기쁨은 한낮 열이 오르는 침대 위에서의 밤이었다. 자리를 떠나면 기쁨은 죽고 열은 식었다. 기쁨은 잠시였다. 신이 주는 기쁨은 진정 사랑이었다. 알맞은 온기가 몸을 감싼다. 세찬 파도가 아닌 잔잔한 파도와 같다. 따가운 태양 밑으로 선선한 바람이 분다. 그늘은 지친 영혼의 땀을 식히고 서서히 눈을 감기게 한다. 평안이다. 모든 생명의 소리가 귓가에 들린

다. 더 이상의 폭력은 없어졌다. 누군가의 간섭도 없어졌다. 폭력의 기쁨은 복종하는 인간을 보며 사악한 미소를 지었다. 사람을 조종할 수 있는 폭력은 살기 가득한 순종적인 사람을 만들었다. 폭력은 기쁨이고 순종이었다. 신도 인간에게 순종하길 원했다. 기쁨의 순종이다. 신은 잠자리를 원하지 않는다. 폭력을 사용하지 않는다. 그러나 인간은 신 앞에 순종한다. 신의 사랑은 간밤의 폭력을 이겼다.'

성제는 생각에 빠져 있는 선우에게 말했다.
"무슨 생각해?"
"교회는 어떤 곳인가 생각하고 있었어."
"어떤 곳인데?"

짙은 갈색 소스를 휘젓던 젓가락이 멈췄다. 그리고 이방인에게 시선이 쏟아졌다. 선우는 동공이 커지고 심장이 두근거렸다. 죽음을 말해야 할까? 천국을 말해야 할까? 무엇을 말해야 알맞은 대답이 될까? 머릿속에 여러 단어가 뒤엉켰다. 가장 기본적인 단어를 말해야 했다. 머뭇거리는 시간이 길어지면 안 됐다. 질문의 답을 기다리는 예수의 만찬에 초대된 그들은 선우의 눈빛에서 여러 답을 유추할지 몰랐다. 오해를 살 수도 있었다. 적절하고 평범한 답을 찾아야 했다. 죽음 이후에 오는 평안. 하지만 죽음은 생명의 끝이다. 아니다. 시작이다. 아니다. 심판의 날이다. 아니다. 교회는 평안과 안식을 찾을 수 있는 곳이다. 죽음으로부터 초조함과 두려움을 녹여낼 수 있는 곳이다. 선우는 정확한 발음으로 답했다.

"따듯한 곳 같아. 편안하고 따듯한 곳."
"따듯한 곳?"

"그래, 따듯한 곳. 적정 온기가 느껴지는 평안한 곳 같아."

성제를 포함한 4명의 파수꾼은 고개를 끄덕였다. 그리고 젓가락에 꽂혀 있던 찜닭을 다시 먹기 시작했다. 가슴살을 씹고 있던 혜령은 답이 부족한 듯 살을 목으로 넘기며 말을 보태려 했다. 그녀는 설교가 끝난 후에 선우를 소개했던 청년부 회장이다. 예배 시간에 부르튼 입술을 손톱으로 만지작거리며 볼펜으로 뭔가 끄적이고 있었다. 작은 얼굴에 큰 눈을 가진 그녀는 한 살 어렸지만, 신에 대한 믿음이 깊어 보였다.

"교회는 예수님의 핏값으로 세워진 곳이에요. 우리는 죄인이었고 죄인들이 모인 곳이 교회예요."

선우와 마주 보고 있던 성제는 맞장구치며 말했다.
"그래. 우리는 죄인이었고 예수님의 핏값으로 죄 사함 받았어."

혜령은 다시 말을 보탰다.
"또한 기도하고 예배드리는 곳이에요. 십자가에 못 박히신 예수님을 기념하고 함께 음식을 나누며 믿음의 교제를 나누는 곳이에요. 그래서 우리가 여기에 모여 있고 나눔을 갖는 거예요."

예수가 인간의 죄를 대신해 십자가에 못 박혔다는 것을 선우는 태아 때부터 들어왔다. 그러나 왜 처음부터 '죄인'으로 태어났는지, 그런 인간을 대신해 예수는 왜 죽었는지 알지 못했다. 선우는 범죄 하지 않았다. 죄가 될 만한 것이 있다면, 욕설과 싸움, 술 취함, 이성과 잠자리를 가진 것이다. 죄인의 조건을 따진다면 죄인 아닌 사람은 없을 것이다. 심지어 예수도 폭언과 폭력을 썼다면 죄의 조건은 아닐 것이다. 식탁에 젓가락을 내려놓았다. 신의 파수꾼들은 알고 있을 것 같았다.

"우리가 왜 죄인인데?"

시선은 다시 이방인에게 쏟아졌다. 그리고 큰 키에 긴 생머리를 한 해나는 젓가락을 내려놓으며 말했다. 찢어진 눈과 말할 때마다 올라가는 입꼬리는 말투를 매섭게 했다. 시선은 다시 해나에게 옮겨 갔다. 해나는 다른 친구들보다 신에 대해 좀 더 알고 있는 듯했다. 혜령의 친구였던 그녀의 믿음도 깊어 보였다.

"창세기에 나와 있어요. 하나님께서 태초의 인간이었던 아담과 하와에게 동산 나무 열매는 먹을 수 있으나 중앙에 있는 선악과는 먹지 말라고 명령하셨어요. 그러나 뱀의 간교로 약속을 어기고 선악과를 먹었죠. 불순종의 결과로 아담과 하와는 에덴에서 쫓겨나게 됐어요. 아담의 교만과 미숙함으로 죄가 탄생했고 모든 인류에게 죄가 시작된 거죠. 아담의 후손은 죄를 갖고 태어날 수밖에 없었어요. 그러나 인간의 몸으로 오신 하나님의 아들 예수님께서 우리의 죄를 대신해 스스로 십자가에 못 박히셨어요. 피로서 죗값을 대신 치르신 후에 인류의 죄가 용서받았고 교회가 세워졌어요. 그래서 하나님을 믿고 세례 받지 않으면 죄로부터 구원받을 수 없어요."

'탄생과 죽음이 신의 주관이라면 인류는 신을 믿지 않고 살아갈 수 없는 존재이다. 믿음은 선택사항이 아니다. 태아 때부터 정해진 절대적 조항이었다. 누구도 죄를 지고 살아가고 싶지 않을 것이다. 최초의 인간으로부터 생명이 전해지지 않았으리라 확인할 수 없다면 예수를 알고 있었던 노연우 일병은 신을 믿어야 했다. 예수의 만찬은 믿음을 전제로 한 초대였다.'

선우는 재차 해나에게 질문했다.

"만약 하나님을 믿지 않으면?"
"당연히 구원받지 못하고 죄로 인해 지옥에 가겠죠."
"하나님은 우리의 믿음을 알고 계셔? 믿고 있다는 것을 어떻게 확신할 수 있지?"
"믿음은 보이지 않는다고 했어요. 그리고 언제가 실물이 된다고 했어요. 죽음 이후에 믿음으로 천국에서 영생을 얻는다고 했어요."
"확인받을 수 없는 믿음이 마지막에 가서 인정받지 못한다면?"
"하나님의 주관이시죠. 판단은 하나님께서 하세요. 그래서 타인의 믿음을 함부로 정죄할 수 없어요. 보이는 것이 전부가 아니듯 하나님의 뜻을 알 수 없어요. 우리가 보지 못하는 속까지 보시는 하나님을 믿는 것은 죄 사함 받은 우리가 순종해야 할 이유예요."
"하나님의 주관으로만 정해진다면 우리는 어떤 선택을 해도 믿음을 증명할 수 없어?"
"맞아요. 우리에게는 자유의지가 있지만 선택된 자만이 천국에 갈 수 있어요."
"선택 여부를 알 수 없다면 하나님을 섬기는 것이 앞으로 죽음을 맞이할 우리에게 결코 행복한 일만은 아니네. 믿음이 고통이 된다면 분명 자신의 믿음을 의심할 거야. 그리고 지옥을 상상하겠지? 사람의 의지가 하나님의 선택에 도달하지 못한다면 절망할 거야. 그럼에도 선택에 취해 욕망을 드러낸 이의 믿음이 하나님을 기쁘게 했다면 결국 믿음은 인간의 힘으로 할 수 있는 것이 아니야. 지금의 기쁨이 예수님의 초대가 아닐 수도 있다는 것은, 믿음과 멀어지게 할 거야."

"그래서 우리는 예배를 쉬면 안 돼요. 믿음은 보이지 않지만, 믿는 자의 삶을 보시는 하나님은 실상이기 때문이죠. 언젠가 우리를 향한 심판의 기준이 될 거예요."

"증거 없는 심판의 날, 지옥에 갈 수는 없지. 믿음의 증거를 찾아야 해. 증거를 제시하면 하나님도 다른 말을 할 수 없을 거야."

'믿음이 영생을 장담하지 못한다면 우리의 삶을 신에게 베팅하는 도박과 다르지 않을 것이다. 평안의 세계는 없다. 천국은 누구나 허락된 곳이 아니었다. 인간의 자유의지는 투명해질 수 없다. 죄는 삶을 깎아 먹으며 영혼을 사망에 이르게 할 것이고 인내하는 고통은 믿음을 분명히 나타나게 할 수 없을 것이다. 믿음의 판단이 신의 뜻이라면 죄 없는 자의 삶을 쫓아가는 한 인간의 죽음이 영생을 얻을 수 있을까? 애써 예수의 전철을 좇아가는 것은, 어쩌면 헛된 욕망일 수 있다.'

예수의 죽음을 모방하며 무색한 인생을 바꿔 보려 했던 선우의 의도는 찜닭을 먹을 때와는 다르게 신과의 거리가 멀게 느껴졌다. 흥건히 남아 있던 양념에 밥까지 비벼 먹고 난 후 크리스천의 저녁은 끝이 났다. 그리고 성제는 자신의 차로 혜령과 선우를 집까지 바래다주었다.

"태워 줘서 고마워. 조심히 들어가."
"그래. 잘 자고 주일에 보자. 그리고 다음 주 토요일에 축구하는 거 알지? 연락할게."

"어."

보조석에 앉아 있던 혜령도 인사했다.

"의미 있는 저녁이었어요. 주일에 봬요."

"어."

성제는 언덕 꼭대기에서 차를 돌려 비탈진 길을 내려갔다. 배기 통에서 나온 가스가 내리막길에 흔적을 남겼다. 가로등이 집으로 들어가는 골목 입구에서 선우를 비췄다. 동네에는 아직 눈이 녹지 않았다. 발로 얼어붙은 눈을 차대며 혼잣말했다. 입김이 빛에 반사됐다.

'의미 있는 저녁? 선택받지 않았다면 예수처럼 죽어야 할까? 예수처럼 죽을 수 있을까?'

5

선우는 굳어진 표정으로 남은 참외를 입 안에 넣고 아무 일도 없었다는 듯 천천히 씹었다. 이곳은 밤이고 낮이고 조용했다. 그리고 언덕길을 내려가면 숲으로 둘러싸인 산책로가 나왔다. 그 길을 걷고 있을 때면 사람들의 시선이 느껴지지 않았다. 주변 빌라들로부터 해방된 듯 숲은 두려운 생각들을 위한 처방전이 되었다.

저물던 해는 서서히 빛을 잃어 갔다. 하나, 둘 빌라에서 불빛이 새어 나왔다. 창문 닫는 소리와 분주하게 식기를 부딪치며 저녁 준비하는 소리가 들렸다. 그러나 어느 한 곳은 아무 일도 하지 않은 채 얇은 커튼을 노려보는 것 같았다. 선우는 숲으로 들어가고 싶었다. 풀 내음 가득한 평안이 있는 곳으로 가고 싶었다. 식탁 위에 어색해진 공기를 불어내듯 어머니에게 말했다.

"산책이나 갈까?"

선우는 슬리퍼를 신고 계단을 먼저 내려갔다. 밖으로 나온 세상은 달랐다. 해는 노을 밑에서 마지막까지 빛을 발했다. 하늘에 구름은 붉게 물든 채 규칙 없이 떠 있었다. 한낮에 달궈진 대지의 흙냄새는 바람을 타고 동네를 휘저었다. 수분을 빼앗겼던 풀들은 밤이슬을 기대하며 어둠을 기다리고 있었다.
참외 껍질을 정리하고 뒤따라 내려온 어머니와 산책로를 향해 언덕길을 내려갔다. 횡단보도에서 신호를 기다리는 내내 아무 말도 하지 않았다. 퇴근 시간에 맞물려 있던 차들은 유별나게 경적을 울려 댔다. 길만 건너면 숲이 나오지만, 평안과 불안은 건널목을 사이에 두고 선우의 마음을 초조하게 했다. 그러나 초록 등은 곧 마음을 편안하게 할 것이다. 일제히 차들은 멈춰 설 것이고 몇 걸음만 걸으면 평안의 세계로 들어갈 것이다. 뒤를 돌아보니 붉은 등이 들어온 사거리는 다시 분주해졌다. 모자는 숲으로 들어갔다.

풀들은 선선한 공기를 실어 나르고 있었다. 시원한 밤공기는 땀구멍으로 파고들며 열을 식혔다. 피부는 차가워졌다. 숲의 일부가 된 선우는 고여 있던 생각들을 풀어헤쳤다.
'이곳을 걷는 사람도 평안할까? 예수를 좇지 않았다면 지금보다 나은 삶을 살았을까? 아들에게 고통을 주었던 신을 엄마는 왜 믿고 있을까? 에덴에서 버림받은 아담은 신을 왜 다시 찾았을까? 인간은 신 없이 살

수 없는 걸까? 인간에게 신은 어떤 존재였을까?'
 생각은 메여 있던 매듭을 풀어내며 자유롭게 숲을 떠다녔다. 사위는 어둑해졌고 가로등 없는 길은 달빛이 안내했다. 그리고 어머니는 식탁에서 끊겼던 말을 이어갔다.

"그래서 앞으로 하나님은 믿지 않을 거니?"
"신은 내 삶을 망가트렸어. 지금이 그때보다 나아."
"하나님은 널 포기하지 않으실 거야. 언젠가 널 다시 찾아오실 거야."
"다시 날 찾아올 이유가 없어. 신을 믿고자 한 것은 내 선택이지 신의 선택이 아니었어. 그래서 내가 신을 떠난 거야. 더 이상 신은 내 삶에 개입할 수 없어. 신이 내게 고통을 주지 않았다면 난 예수처럼 될 수 있었어. 신은 복종하길 원해. 하지만 난 그런 관계를 원하지 않아."
"하나님께서는 우리를 만드셨어. 우리는 하나님의 피조물들이야. 그래서 처음부터 주종 관계였어. 그럼에도 죄인 된 우리를 자녀 삼아 주신 거야. 감사해야지. 주인이 종을 버려도 종은 주인을 버릴 수 없어."
"선택받지 않았다면 자녀 삼을 이유도 없잖아. 처음부터 선택받을 예비된 사람이 아니고서야 누가 주종 관계를 원하겠어? 자녀 삼은 부모가 자식을 고통스럽게 할 수 있어? 복종하지 않는 종을 버리기 전에 먼저 신을 떠났을 뿐이야. 신은 인간의 믿음을 먹고 산다고 했잖아. 누구도 포기하고 싶지 않았겠지. 그럼에도 신을 떠나서는 살 수 없는 이들이 선택받았다는 믿음으로 관계를 만들어 냈다면 신에게 속고 있는 거나 다름없어. 믿음이 자녀 삼아 주었다고 누가 확신할 수 있겠어? 스스로 그렇게 믿고 싶은 거지."
"하나님께서는 순종하는 종을 절대 버리지 않으셔. 혹여 순종하지 않는다 해도 선택받은 영혼은 끝까지 자녀 삼으셔."

"그렇겠지. 신은 항상 숭배되어야 하니깐. 그러나 믿음만 먹고 영혼은 사라질 수 있어. 믿음의 증거가 없다면 예수처럼 죽어야 해. 그렇지 않으면 영생할 수 없어. 신의 아들이 되는 것만큼 확실한 관계도 없을 거야."

신성모독에 가까운 아들의 말에 어머니는 동요하지 않았다. 어떤 마음도 내색하지 않았다. 하나님을 경계로 아들과의 관계를 해치는 것이 그분의 뜻은 아닐 것이다. 무엇보다 괜한 감정으로 더 이상 아들을 잃고 싶지 않았다. 선우는 막연한 믿음이 답답했다. 그리고 어머니는 아들을 이해하기 위해 노력해 왔다.

"우리는 하나님을 믿음으로 죄에서 구원받았어. 믿음은 결국 우리를 영생하게 할 거야."
"예수의 죽음에는 대가가 있었어. 신은 예수를 죽이고 믿음의 명분으로 인간을 자신의 울타리 안에 가둔 거야. 죄를 덮어씌우고, 구원받고 싶다면 믿음을 얻고 자신을 경배하라고 했어. 영생을 구실 삼아 복종시키고 울타리를 벗어나게 하지 못하게 한 거야. 하지만 신이 되지 않는 이상 영생은 없어. 차라리 신을 떠나 성을 쌓는 게 나을 거야. 만약 예수의 죽음을 동경하더라도 타인의 죄를 위해 누구도 죽지 않을 거야. 그게 인간이지. 결코 인간은 영생할 수 없어."
"믿음의 울타리를 우리는 천국이라고 하지 않니? 영생이 없다면 천국도 없는 것 아니니?"
"없지. 천국은 신들의 거처일 뿐이야. 인간이 죽어서 갈 수 있는 천국은 없어. 만약 갈 수 있다고 해도 예수를 죽인 살인자와 함께 살고 싶지 않아."
"그곳에서 자신을 죽인 하나님과 함께 있는 예수님은 어떨 것 같니?

하나님께서 아들 예수를 죽인 것은 우리의 죄 때문이야. 우리를 사랑하셔서 그런 거야. 예수님은 우리의 죄를 대신해 십자가에 못 박히셨어. 하나님께서 예비하신 일이었어. 그것으로 우리는 죄인에서 새사람이 된 거야. 그러니깐, 믿음을 가지면 천국에 갈 수 있어."

"천국에서 살인자와 함께 살 자식은 없어. 예수는 다른 곳에 있을 거야. 그럼에도 순종이 천국으로 인도한다면 차라리 예수처럼 희생양이 되게 해 달라고 기도하는 게 나아. 어쩌면 예수가 있는 곳이 천국일 거야."

"예수님 한 분으로 우리는 용서받았어. 누군가 다시 희생당할 이유는 없어."

"그럼, 누구도 영생하지 못할 거야. 천국에 가지 못할 거야."

어머니는 한동안 말을 잇지 않았다. 어두워진 산책로에 가로등이 켜지고 벌레들은 빛을 찾아 모여들었다. 길 위로 하나둘 사람들이 걸어 다녔지만, 선우는 주변에 눈길을 두지 않았다. 그저 어느 가족의 웃음소리와 뛰어다니는 아이들을 피해 말없이 걸었다.

6

금요일 아침 핸드폰이 울린다. 침대에 누워 있던 선우는 잠이 덜 깬 목소리로 성제의 전화를 받았다.

"뭐 하냐?"
"지금. 일어났어."

"내일 축구하는 거 알지?"

"몇 시에 하는데?"

"8시쯤."

"누구랑 하는데?"

"이번에 올라온 청년부 새내기들?"

"알았어."

"그리고 철야예배 올 거지?"

"가야지."

"알았어. 교회에서 봐."

이불을 걷고 침대에서 내려왔다. 얼마 전 수능을 보기 위해 구매 한 가방과 문제집, 필기도구가 책상에 올려져 있다. 공부가 익숙하지 않았던 선우는 두꺼운 책을 펼쳐 보며 한숨을 내쉬었다. 신과 가까워지기 위한 여정의 초입부터 가시밭길처럼 느껴졌다. 그러나 다른 선택은 없었다. 주섬주섬 가방 안에 책과 필기도구를 넣고 도서관 갈 준비를 했다.

잘 때 입었던 티셔츠를 벗고 화장실로 들어갔다. 칫솔에 치약을 짜고 거울을 보니 양치하는 자신이 보였다. 똑같이 생긴 거울 속 사람도 선우를 응시하며 입에 거품을 물고 있었다. 세면을 따라 하는 그의 얼굴에 물을 연거푸 뿌려 댔다. 수건으로 물기를 닦고 나오면서 거울 속 그도 사라졌다. 식탁에 놓인 덮개를 들춰 보니 어머니가 차려 놓은 아침밥이 있었다. 그 앞에 서서 김에 밥을 싸 먹은 후 미지근한 국을 들이마셨다.

현관문을 열고 나온 밖의 공기는 차가웠다. 매서운 바람이 머리를 스쳤다. 골목 한쪽으로 녹지 않은 눈들이 먼지를 뒤집어쓴 채 쌓여 있었다. 전역 한 지 얼마 안 된 선우는 70kg이 넘지 않은 다부진 몸에 170cm가 조금 넘었다. 짧은 머리에 짙은 눈썹은 아직 군인 티를 벗지 못한 사람처럼 보였다.

찬바람을 맞으며 거리가 꽤 있는 도서관까지 걸어갔다. 언덕을 내려와 큰 도로를 끼고 가다 보면 재래시장과 대형 마트가 보였다. 그리고 한적한 주택 단지를 거치다 보면 4차선 횡단보도가 나왔다. 길 건너편을 따라 도서관까지 앙상한 벚나무가 일정한 간격으로 뻗어 있었다. 주변으로 저렴한 밥집과 간식거리는 적은 돈으로 배를 채울 수 있었다.

ㄷ자 형태로 되어 있는 도서관은 1층 로비에서 자동 발매기를 통해 열람실 자리를 선택할 수 있었다. 출력된 표를 뽑고 3층으로 올라가면 각종 신문이 건물 형태에 따라 놓여 있었다. 1면에 실린 제목들을 훑고 가다 보면 열람실 출입문이 보였다. 사람들은 일제히 머리를 숙이고 숨소리도 내지 않은 채 책을 들여다보고 있었다.

선우는 표에 적힌 숫자를 확인하며 자리를 찾아갔다. 투명 인간처럼 사람들의 시선을 피해 인기척을 내지 않고 자리에 앉았다. 그리고 언어 영역 문제집을 책상 위에 펼쳤다. 신학교에 입학하기 위한 공부는 성경이 아닌 문제집이었다. 무작정 문제를 풀었다. 답안지와 계속해서 틀리는 문제를 보며 소리 없는 분노를 느꼈다. 뻐근해진 어깨와 목을 뒤로 젖힌 채 눈을 감고 머릿속으로 중얼거렸다.

'시험을 왜 보지?'

그때, 등 뒤에서 누군가 어깨를 쳤다. 뒤를 돌아보니 고등학생인지, 중학생인지 하얗고 깨끗한 피부에 눈코입이 올망졸망하게 붙어 있는 여자애가 서 있었다. 그녀는 선우의 귓가에 작지 않은 목소리로 말했다.

"저번 주 청년부 예배에 새로 오신 분 맞죠?"
"네."
"앞에서 소개할 때 봤어요."

머리를 숙이고 책을 보던 사람들의 시선이 선우와 그녀에게 쏠렸다. 아무도 고개를 돌리지 않았지만, 따가운 눈은 선우에게만 느껴지는 듯했다. 멈춰 있던 숨소리가 여기저기서 터져 나오는 것 같았다. 모든 한숨 소리가 선우를 향하는 것 같았다. 밀폐된 열람실에 공기가 부족한 듯 숨소리는 점점 크게 들렸다. 불안해진 선우는 숨을 참았다. 그러나 그녀는 아랑곳하지 않고 귓가에 대고 다시 말했다.

"쉼터로 오세요."

쉼터로 오라는 그녀는 주변을 의식하지 않았다. 길을 걷는 사람처럼 열람실을 나갔다. 숨을 참고 있었던 선우는 미안함을 표현하듯 까치발을 들고 나갔다. 디근 자 형태의 계단식 복도 좌측 벽면으로 음료수와 커피 자판기가 있는 쉼터가 있었다. 고등학생 티를 벗지 못한 그녀는 음료수를 뽑아 놓고 기다리고 있었다. 새하얀 손에 들린 음료수를 선우에게 주며 새침하게 말했다.

"이거 드세요."
"네. 감사합니다."
"목사님 되신다면서요?"
"네."
"왜요?"
"아, 뭐. 글쎄요. 말하자면 길어요."
"그럼. 나중에 말해 주세요."
"아, 네. 그런데 자매님은 도서관에 어떻게 오셨어요?"
"저도 공부하려고 왔죠. 재수생이에요."

"그렇구나. 공부는 잘돼요?"
"잘 안돼요. 오빠는요?"
"저도. 잘 안돼요."

선우는 그녀의 말투가 귀엽고 재밌었다. 음료수를 마시는 손은 하얗고 가늘었다. 아담한 키에 마른 몸을 한 그녀는 누가 보아도 호감을 느낄 만했다. 당장이라도 손을 잡고 싶었다. 동글동글한 볼살은 누군가의 먹잇감이 될 것 같이 순해 보였다. 그녀를 보호하고 싶었다. 마치 사막을 방금 빠져나온 사람이 쉴 만한 물가를 발견한 듯 소망을 갖게 했다. 만약 신이 그녀를 보냈다면 선우는 선택받은 자의 증거일 것이라 생각했다.

쉼터를 나와 어색하게 각자의 자리로 돌아갔지만, 온 신경은 그녀를 향하고 있었다. 그녀는 자리를 뜨지 않고 점심시간이 될 때까지 책상에 앉아 있었다. 저렴한 식당을 향해 숨죽이고 있던 사람들은 하나둘 열람실을 빠져나갔다. 도서관 입구에서 선우는 그녀에게 무엇을 좋아하는지 물었다.

"점심 뭐 드실래요? 뭐 좋아하세요?"
"저는 김밥하고 라면 먹을 생각인데 오빠는 어떤 것 드실래요?"
"저도 김밥하고 라면 먹을 생각이었어요."
"잘됐네요. 그럼 우리 같이 먹어요."

어차피 주변 식당은 분식이 주를 이루고 있었다. 벚나무를 따라 밑으로 조금만 내려가면 밖을 향하고 있는 주방에서 떡볶이와 튀김을 팔았다. 안에는 오래돼 보이는 테이블이 3개 정도 놓여 있었다. 그녀는 대수롭지 않게 자리에 앉아 라면과 김밥, 떡볶이를 1인분씩 시켰다. 그리고 선우 앞에 수저를 놓으며 상냥한 말투로 말했다.

"오늘 철야예배 오실 거죠?"
"네."
"오빠는 꼭 목사님이 되실 거예요!"
"그래요?"
"우리 열심히 공부해서 내년에는 꼭 대학에 가요."
"네, 가야죠."

그녀의 다짐은 선우가 피를 흘려서라도 가시밭길을 건너야 할 것 같았다. 그러나 인공적인 시험이 신학의 전제 조건이 될 수 있을까? 생각했다.
'충만한 믿음이 떨어진 학업 능률을 대신하지는 못한다면 에덴의 입구에서 우수한 성적표를 보여 줘야 할 것이다. 믿음과 학업 능률이 동시에 충족되어야 한다면 능률이 떨어지는 사람은 신에게 가까이 가지 못할 것이다. 결국 두 가지 모두를 충족하는 자의 중개를 받아 신에게 다가가야 한다면 중개인의 믿음은 무엇으로 증명할 수 있을까? 충만한 믿음을 갖고 있는 사람은 분명 중개인으로부터 시험받을 것이다. 신의 앎과 신의 믿음은 부합할 수 없다. 각각의 역할에 따라 신의 학문에 접근하는 것이 옳을 것이다. 그럼에도 충만한 믿음을 증명할 길이 없다는 것은 인공적인 시험으로 믿음을 판단할 수밖에 없다. 누가 믿음을 증명할 수 있을까?'

별다른 대화 없이 점심을 먹은 후 각자의 자리로 돌아가 책을 펼쳤다. 그리고 저녁이 돼서야 그녀를 다시 볼 수 있었다. 밖은 여전히 추웠다. 밤이 되니 기온은 더 떨어졌다. 그녀는 통이 넓은 검정 바지에 단화를 신고 후드티 위에 패딩을 입고 있었다. 작은 발은 바지에 가려 앞부분만 보일 듯 말 듯했다. 입술에 머리 끈을 물고 머리카락을 뒤로 모았다. 동글동글한 얼굴과 하얀 목선은 어두운 밤 중에도 선명하게 보였다. 머리를 동여맨 그녀는 입김을 불며 손을 녹였다. 선우는 잠바 주머니로 하얗고 작은 손을 넣고 싶었다. 그녀는 마음을 알아차리기라도 한 듯 패딩에 손을 찔러 넣고 앞장서 걸었다. 선우는 그녀의 뒤를 따르며 말했다.

"안 추워요?"
"네. 그렇게 춥지는 않은 것 같아요. 왜요?"
"저는 좀 추운 것 같아서요."
"그럼. 제 패딩이라도 벗어 줄까요?"
"아! 아니에요. 예배 9시죠? 지금 걸어가면 9시 되기 전에 도착하겠네요."

성제에게서 전화가 왔다.
"어디냐?"
"아직 도서관이지."
"데리러 갈게. 근처 다 왔어."
"아냐! 괜찮아! 걸어갈게. 9시 예배 아냐?"
"왜? 옆에 누구 있어?"
"어?"

우물쭈물하는 사이 그녀는 선우의 핸드폰으로 고개를 기울였다. 금방이라도 입술이 볼에 닿을 것 같았다. 그리고 후드티 사이로 하얀 어깨가 드러났다. 목선을 타고 섬유유연제 향기가 났다. 그녀는 수화기에 대고 큰 소리로 말했다.

"오빠! 나도 있어. 데리러 와."
"알았어. 금방 도착해."

성제의 전화는 그녀와 단둘이 보낼 시간을 앗아 갔다. 피를 흘리지 않고서는 그녀를 얻을 수 없는 것처럼 가시밭에 발이 찔리는 것 같았다. 벚나무 가지는 낮보다 앙상해 보였다. 말없이 큰 도로로 내려갔다. 그녀의 작고 아담한 어깨가 자신의 품에 안기는 상상을 했다. 아는지 모르는지 그녀는 앞만 보고 걸었다.

큰 길가에는 자동차 바퀴에 눌린 눈이 시커멓게 쌓여 있었다. 멀리서 유턴 신호를 기다리고 있던 성제의 차가 보였다. 보조석에 앉아 있던 혜령은 손을 흔들며 그녀와 선우를 반겼다. 익숙한 듯 그녀는 성제의 차 뒷문을 열고 탔다. 그리고 선우도 뒤따라 탔다. 차 안에는 성령이 충만한 복음성가가 흘러나오고 있었다. 혜령은 히터기 온도를 올리며 그녀에게 말했다.

"은혜야. 공부는 잘했어?"
"그냥… 그…."
성제는 그녀의 말을 끊으며 말했다.
"근데 둘이 어떻게 만난 거야?"
선우는 뜸을 들이며 대답하지 않았다. 그리고 그녀가 말했다.
"도서관에서 만났어. 저번 주 인사할 때 봤잖아."
혜령은 결론이라도 짓는 듯 말했다.
"잘됐네. 둘이 같이 공부하면 되겠다."

차 안은 숨이 막힐 정도로 뜨거웠다. 그리고 복음성가는 어느새 잔잔

한 피아노 반주로 바뀌었다. 선우는 차창을 바라보며 창문 버튼을 만지작거렸다. 그녀는 핸드폰을 보며 누군가와 문자를 주고받는 듯했다. 성제와 혜령은 사소한 얘기를 하며 마치 연인 사이처럼 티격태격 말을 주고받았다.

   성제의 차는 금세 교회로 가는 언덕을 오르고 있었다. 교회 주차장은 차들로 붐볐다. 정장을 입은 몇몇 사람은 야광봉을 들고 차량을 통제하고 있었다. 성제는 우리를 먼저 내려주고 주차할 곳을 찾아 들어갔다. 혜령은 차에서 내리자마자 어디론가 사라졌고 그녀도 4층 소예배실로 내려가면서 사라졌다. 선우는 어느새 예배실 앞에 홀로 서 있었다. 예배가 시작하기도 전에 사람들은 낮은 목소리로 인사하며 담소를 나누고 있었다. 그리고 간간이 기도하는 사람들도 보였다. 입구 앞에 목사님과 전도사님들이 나란히 서 있었다. 청년부 담당 목사님은 선우에게 악수를 청했다. 두 손을 내밀어 손을 잡았다. 목사님은 어깨를 감싸며 잘 왔다고 말했다. 모든 죄를 용서하고 사랑할 것만 같았다. 그리고 사라졌던 그녀와 성제가 뒤에서 어깨를 치며 손가락으로 자리를 가리켰다.

   그곳에는 정해진 자리가 있는 듯 청년들이 앉아 있었다. 혜령도 보였다. 해나는 눈을 감고 두 손을 무릎에 모은 채 나지막한 목소리로 기도하고 있었다. 성제와 그녀는 오른쪽 앞에서 두 번째 장의자 쪽으로 들어갔다. 선우도 뒤따라 그녀 옆에 앉았다. 성제 옆으로 2명의 청년이 앉아 있었는데 고개를 돌려 선우를 쳐다봤다. 성제와 몇 마디 주고받더니 활짝 웃으며 눈짓으로 인사를 보냈다. 선우도 고개를 끄덕이며 인사했다. 고개를 들어보니 단상 뒤로 큰 십자가가 벽에 걸려 있었다.

   철야예배도 여느 때, 주일예배와 다르지 않았다. 단지, 설교 시간이 짧고 찬양과 기도를 2시간가량 했다. 불이 꺼진 컴컴한 예배실에는 사람들의 기도 소리가 울려 퍼졌다. 연주자들은 계속해서 연주했다. 음악 소리는 그곳에 모인 사람들의 감정을 더욱 자극했다. 훌쩍이는 소리와 애통하는 목소리가 들렸다. 마치 집단 최면에 걸린 듯, 모두가 흐느끼며 큰 소리로 기도했다. 어떤 사람은 알 수 없는 언어로 말했고 어떤 사람은 마구잡이로 소리쳤다. 오직 선우만 주변의 모든 소리를 듣고 있었다.

곧 기도 소리가 조금씩 잠잠해질 때쯤, 짜기라도 한 듯 담임목사님의 지휘에 따라 사람들은 기도를 멈추고 찬양을 불렀다. 짙은 어둠 속에서 목 놓아 부르는 성가는 예배실을 가득 채웠다. 웅장하고 거룩하게 느껴지는 성가에 선우도 동요되기 시작했다. 마음 한쪽에서 감정이 치솟아 올랐다. 온 정신이 찬양에 물들어 가며 소리 높여 불렀다. 어느새 선우는 무언가 중얼대고 있었다. 그리고 알 수 없는 언어로 토해내는 목소리는 더욱 또렷이 들렸다. 분명 다른 언어가 틀림없었다. 어떤 소리도 들리지 않은 채 누군가 선우는 귓가에 대고 말했다.

「너는 죄인이야. 너는 죄인이었어. 너 때문에 예수님이 십자가에 못 박혔어. 넌 죄인이야.」

선우는 고개를 돌려 그녀를 봤다. 머리를 숙인 채 깍지 낀 두 손을 벌벌 떨며 주절주절 무어라 외치고 있었다. 그리고 여기저기서 박수 소리가 점차 커지더니 기도 소리가 예배실 전창과 유리창을 세게 때렸다. 통곡하는 소리가 간절해지는 만큼 악기 팀의 연주도 격렬해졌다. 감정에 북받쳐 오던 선우의 두 눈에서 눈물이 맺혔다. 처음 느껴 보는 위로와 서러움이 마음을 덮쳤다. 볼을 타고 하염없이 흐르는 눈물이 무릎을 적셨다. 이내 주변의 소리가 줄어들며 점차 소음이 차단된 듯 고요해졌다. 그리고 십자가 앞에 덩그러니 서 있는 어린 선우가 고개를 들었다. 십자가에는 피투성이가 된 선우가 어린 선우를 내려 보고 있었다. 어린 선우는 어디론가 도망치듯 달려갔다. 좁은 골목 어귀쯤에서 발가벗긴 채로 몸을 웅크리고 있었다. 그리고 선우를 찾는 애타는 목소리가 들려왔다. 울음 섞인 목소리는 점점 가까워졌다.

"선우야. 선우야, 어디 있니? 우리 아들 어디 있니?"

어머니는 어두컴컴한 곳에서 벌거벗은 채로 웅크리고 있는 아들을 보고 한걸음에 달려왔다. 그리고 몸을 감싸 안았다. 평안과 안식이 눈물을 멈추지 않게 했다. 주변은 곧 환해지고 악기 소리와 울음소리도 그쳐 갔다. 아직 여운이 남아 있던 선우의 입술은 멈추지 않았다. 모든 소리가 완전히 줄어들고 목사님은 두 팔을 들어 축도 한 뒤 단상을 내려갔다.
서서히 눈을 뜨고 손등과 무릎에 떨어진 눈물자국을 보았다. 옆자리에 앉아 있던 그녀도 붉어진 볼에 흐르는 눈물을 닦으며 기도를 멈추지 않았다. 자리에서 일어나는 사람들은 티 하나 없는 순백의 사람처럼 서로를 안아 주었다. 그제야 정신이 든 선우는 주변을 살폈다. 알 수 없는 언어를 누가 말했는지 의아해하며 자리를 떠나는 사람들을 지켜봤다. 꿈을 꾼 듯 머리가 멍했다. 성제는 한 곳만 응시하는 선우의 어깨에 손을 얹으며 말했다.

"왜 그렇게 서럽게 울었어?"
그녀도 성제의 말을 보태듯 말했다.
"그래요. 왜 그렇게 서럽게 울었어요?"

선우는 아무 말하지 않았다. 그리고 감정이 가시지 않은 듯 미동 없이 앉아 있었다. 그런 선우를 바라보며 성제는 다시 어깨를 치며 말했다.

"그래. 우리는 죄인이었어. 그러나 지금은 아니야."

손등에 말라 버린 눈물 자국을 닦고 자리에서 일어나 입구 계단을 따라 올라갔다. 사람들은 분주하게 빠져나가고 있었다. 정체된 좁은 통로에서 자신이 앉아 있던 자리를 뒤돌아봤다. 대부분 소예배실을 나오고 있었지만, 여전히 청년부 석 앞줄에 앉아 있는 사람이 있었다. 그는 강대상 벽에 걸려 있는 십자가를 가만히 응시하고 있었다. 선우는 처음부터 그가 있었는지 알 수 없었다. 불이 꺼진 틈에 뒤늦게 들어온 청년 중에 하나일 거라 생각하고 예배실을 나왔다. 그는 긴 머리를 하고 있었지만, 여자는 아닌 듯했다.

주차장은 혼잡했다. 정장을 입은 몇몇 사람은 야광봉을 이리저리 흔들며 언덕 밑으로 차들을 천천히 내려보내고 있었다. 시계를 보니 자정이 다 되어 갔다. 선우는 성제와 그곳에 있던 또래 친구들에게 인사하고 교회를 내려갔다. 집 안은 썰렁하고 적막했다. 불을 켜고 소파에 묻듯 몸을 떨궜다. 보일러를 켜지 않은 방 안 공기는 차가운 기운이 맴돌았다. 숨을 깊게 마셨다 뱉었다. 고개를 뒤로 젖힌 채 죄인에 대해 생각했다.
'누가 죄인이라 말했을까? 어머니는 어디에 있었을까?'
곧 현관문에서 도어록 소리가 들렸다. 문을 열고 들어온 어머니는 신발을 벗으며 말했다.

"보일러 좀 켜 놓지 그랬니! 안 춥니?"
"별로 안 추운데."

7

신은 습했던 지상에 분무기를 뿌리듯 비를 내렸다. 그리고 신비로운 여름밤의 생명들은 아이들에게 놀자며 손짓했다. 말없이 산책로를 걷던 선우의 옷이 비와 땀으로 젖었다. 모자는 쉽사리 말을 꺼내지 못했다. 어머니는 아들의 생각을 이해할 수 없었다. 무엇보다 환영에서 깨어나지 못하는 것이 걱정스러웠다. 선우 또한 어머니의 생각을 알고 있었다. 그간 자신 외에 이해할 수 없는 것들을 누구와도 말하지 않았던 이유는 이상한 사람이 되고 싶지 않아서였다. 그러나 어머니의 반응은 여전히 변함없었다. 선우는 누구에게라도 이해받고 싶었다. 되풀이되었던 말을 듣는 어머니도 같은 마음이었을 것이다.

"신은 분명 값없이 사랑을 주었을 거야. 그리고 난 선택받은 사람이었어. 한순간도 신의 사랑을 의심하지 않았거든. 그래서 누군가에게 사랑을 매매하지 않고 받은 만큼 값없이 나눠 줬어. 난 사랑을 매매하는 중개인들과는 달라. 그들은 입술로 하나님을 찬양하지만 남아 있는 사랑은 별로 없었어. 항상 사랑을 탐내는 그들은 내게도 손을 뻗었지. 난 조건 없이 나눠 줬어. 어느새 내 밭은 어떤 것도 수확할 수 없이 메마른 땅이 되어 갔어. 다시 비옥한 땅으로 만들기에는 남아 있는 사랑이 없었어. 물론 내가 신이 되려 하지 않았다면 에덴을 떠나는 일도 없었을 거야. 사랑은 쉽사리 주는 게 아니었어. 사랑은 신만이 줄 수 있는 거였어. 그렇게 가뭄이 든 채 신을 떠났고 신에게 받을 수 있는 사랑도 끊어진 거야. 그동안 난 강도 맞은 사람처럼 사랑을 찾아 헤맸어. 그러나 어디에도 열매 맺을 만한 사랑은 찾을 수 없었어. 그런데 이곳에서 작게나마 물을 줄 수 있는 땅이 생겼어. 물론 새싹을 틔우기에는 턱없이 부족해. 시간이 걸리더라도 계속 밭을 일구어 갈 거야. 언젠가 싹이 트고 나무가 자라면 열매가 맺을지도 모르니깐. 열매가 자라면 다시 나눠 줄 사랑도 자라겠지. 에덴만큼은 아니지만 아름다운 정원을 만들 거야. 그때는 에덴의 중개상들이 찾아올지도 몰라. 하지만 어떤 것도 넘겨주지 않을 거야. 열매의 주인은 함께 정원을 가꾼 사람들의 몫이니깐. 신도 이곳의 열매를 탐할 수 없어."

"그래서? 사랑이 없으면 열매도 맺을 수 없다는 거니?"

"물론이지. 인간은 사랑을 먹고 사는 존재니깐. 열매 맺을 양분이 있어야 해. 사랑은 열매 맺게 해. 그리고 열매는 다시 사랑이 되어서 열매를 맺어. 대가 없는 신의 호의를 따라 했지만 신은 좋아하지 않았어. 그래서 예수도 미움받았던 거야."

"그럼 네게서 사랑을 받은 사람들은 무엇을 했니?"

"자기 열매를 탐스럽게 했거나 에덴 밖 죄인들에게 매매했겠지. 신이 좋아한다고 생각했으니깐. 그들은 항상 부족하다고 말했거든. 결국 신보다 날 더 찾았어. 아마도 신에게 복종했다면 나에게 더 많은 사랑을 주었을지 몰라. 신은 인간을 귀찮아하니깐. 그런데 그렇게 하지 않았어. 예수처럼 사랑을 내어주고 죽는 길을 선택했어. 그때부터 신이 내게 고통을 줬을 거야."

"지금은 평안하니? 고통이 사라졌니? 에덴을 떠났다고 하지 않았니?"

"공허하지. 그래도 내 정원이 만들어지면 평안해질 거야. 애써 죽을 이유도 사라지겠지. 물론 주변을 맴도는 중개인들이 호시탐탐 열매를 노릴 거야. 어디든 따라다니겠지."

"중개인들은 누구니?"

"신의 사랑을 거래하는 자들. 그들은 신의 사랑으로 더 많은 열매를 맺으려 해. 하지만 열매는 한정되어 있어. 누군가의 희생 없이는 땅을 넓힐 수 없어. 이자를 붙인 사랑을 값없이 구매한 사람들은 에덴의 울타리에서 신의 노예가 돼. 받은 것을 전부 갚기 전에는 절대 그곳을 나가지 못해. 값없이 받은 사랑이라고 하지만 중개인에 의해 값을 매긴 신의 사랑은 더 이상 사랑이 아니야. 신의 사랑은 어느새 짐이 됐어. 다행히 신을 떠난 인간은 각자 신의 빈자리를 채우면서 살아. 신을 떠나면 우리는 또 다른 신이 될 수 있거든!"

"그래서 신이 됐니?"

"아니. 아직 신이 되지 못했어. 하지만 이곳에서 신이 될 거야. 물론 꽃이 피고 열매 맺기에는 모든 게 부족해. 만약 열매 맺지 못한다면 죽음으로서 신이 되는 방법도 있어."

"무엇을 위해 죽을 거니? 네가 생각하는 죽음은 평범한 인간의 죽음과 다르지 않아. 예수님도 하나님의 사랑이 있었기 때문에 십자가에 죽을 수 있었던 거야. 네게 사랑이 있니? 분명 사랑이 있다면 열매 맺는 정원이 될 테니 그때 죽으렴. 그런데 죽을 수 있겠니?"

"아니. 내가 신이 되면 아무도 죽이지 않을 거야. 나도 물론이고. 다만 사랑이 부족해서 열매를 시들게 한다면 누군가는 죽어야 할 거야."

"그럼. 신이 되진 못하겠구나."

8

토요일 오전 8시 핸드폰 알람 소리에 선우는 눈을 떴다. 철야 예배 때 몽롱했던 정신은 간밤에 생생한 꿈을 꾼 듯 깊은 잠을 자게 했다. 아침은 여느 때와 다르지 않았다. 마치 아무도 살지 않는 빈집처럼 고요하기만 했다. 식탁에는 아침밥이 덮개에 씌워져 있었다. 대충 옷을 걸쳐 입고 현관문을 나섰다. 언덕을 깎아 만든 주택 단지는 달동네처럼 경사진 골목이 많았다. 그리고 큰 길가까지 내려가면 초등학교가 있었다. 한 손에 들린 축구화를 덜렁대며 좁은 길을 내려오고 있을 때 선우를 부르는 소리가 들렸다.

"선우 형제님! 선우 형제님."

우렁찬 목소리가 골목을 울렸다. 선우는 그를 알지 못했다. 그러나 이 동네에서 자신을 알아볼 사람은 교회 사람을 제외하고 없었다. 다부진 체격에 까무잡잡한 피부는 외국인처럼 보였다. 선우는 마치 알고 있었다는 듯 친근하게 인사했다.

"안녕하세요."
"저번 주에 새로 오신 형제님이시죠? 앞에서 소개할 때 봤어요."
"네. 아직 얼굴이 익숙하지 않아서 인사가 늦었네요."
"괜찮습니다. 차차 알아가면 되죠. 신학교 준비하신다면서요?"
"아, 네. 수능 준비하고 있어요."
"신학교는 어디로 가실 생각이세요? 괜찮으시면 저희 교단으로 오세요."

선우는 그의 거리낌 없는 말이 낯설었다. 종교의 힘은 대단했다. 좁은 골목에 자신을 세워 대화를 나눌 수 있는 것은 예수가 인간의 죄를 대신해 죽었기 때문이다. 신은 인간을 하나로 묶기 위해 예수를 십자가에 못 박았다. 그리고 그의 피 흘림을 믿는 사람들은 신의 울타리 안에서 살아왔다. 외국인처럼 생긴 그가 경계하지 않았던 이유도 같은 신을 믿는다고 생각했기 때문이다. 믿음은 우리를 형제로 만들었다. 그리고 어떤 의심도 거둬냈다. 다만 손톱만큼 묻은 사면된 죄의 흔적을 벗겨내기 위한 확인이 필요했을 것이다. 외국인처럼 생긴 그가 물었다.

"형제님은 언제 하나님을 만나셨어요? 왜 목회자가 되려 하나요?"
"아, 네. 글쎄요. 사실은 하나님을 직접 만난 적은 없어요. 다만 인간은 언젠가 죽잖아요. 그래서 하나님을 믿기로 했어요. 이왕이면 믿음을 확실히 하기 위해 목사가 되기로 한 거죠."
"그렇군요. 어쩌면 목회자는 하나님과 가장 가깝다고 할 수 있죠. 형제님과 저는 앞으로 할 일이 많을 것 같아요. 우리는 믿음으로 천국에 갈 거예요. 죽음을 두려워할 필요도 없죠."
"그런가요? 천국에만 갈 수 있다면 믿음은 문제 될 건 없을 것 같아요."
"하나님은 언제부터 믿으셨나요?"
"전 모태 신앙이에요."
"어머니의 신앙을 이어받았으니 곧 하나님을 만날 거예요."
"하나님을 직접 대면할 수 있나요?"
"어떤 방식으로든 형제님 앞에 나타나실 거예요. 무엇보다 믿음이 중요하죠."
"아, 네. 믿음."

어느새 비탈진 골목을 내려와 큰 길가에 있는 운동장에 도착했다. 일찍부터 사람들은 몸을 풀고 있었다. 철야 예배 때 보았던 몇몇 청년들은 선우에게 손짓하며 인사말을 대신했다. 그리고 따듯하게 안아 주었던 목사님도 있었다. 대부분은 새내기 20살 청년이었다.

외국인처럼 생긴 그는 앞서 달려가더니 발재간을 부리며 굴러다니는 축구공을 가로챘다. 선우는 짐을 풀어놓은 계단 앞으로 걸어갔다. 팀복을 챙기느라 바쁘게 손을 움직이던 성제는 인기척을 느끼고 뒤를 돌아봤다. 그리고 선우에게 노란색 팀복을 주며 말했다.

"이거 입고 몸 풀고 있어."

팀복을 입고 운동장으로 들어갔다. 공을 주고받던 사람들은 눈짓하며 선우의 존재를 확인하는 듯했다. 그리고 목사님은 말끔한 정장을 벗고 운동복을 입고 있었다. 교회에 있을 때와는 다른 느낌이었다. 신의 영역을 오가는 경계선이 단순한 옷차림에 있는 것 같았지만, 예수가 입고 있던 옷은 분명 정장 차림도 운동복도 아니었을 것이다. 그는 십자가에서 발가벗긴 채 신의 영역에 들어갔다. 어쩌면 남루한 자신의 옷차림이 목회자가 되는 조건과는 상관없을지도 몰랐다. 신의 시선과는 다르게 옷차림으로 생긴 거리감은 인간의 시선이 만들어 낸 편견일 뿐이었다.

목사님은 운동장 중앙으로 청년들을 불러 모았다. 20명 남짓한 사람들이 모였다. 새내기 청년들은 축구에 관심이 많았다. 각자 좋아하는 선수의 유니폼을 입은 채 팀복을 걸치고 있었다. 반면에 선우는 군대 있을 때, 몇 번 공을 차 본 것이 전부였다. 목사님은 성제에게 팀을 나누라고 했다. 새내기들과 팀을 나눠 이 열로 줄을 세우고 앞사람과 마주 보게 했다. 상석에 있던 목사님은 우리의 모임이 하나님의 나라를 세워 가는데 귀하고 복된 시간이 되게 해 달라고 기도했다. 상호 간에 인사를 나눈 각각의 팀원은 포지션대로 움직였다.

선우는 왼쪽 수비를 맡았고 성제와 외국인처럼 생긴 그는 전방 공격수를 맡았다. 경기는 새내기 팀의 선제공격으로 시작했다. 초등학교 운동장은 조금만 뛰어도 상대편 골대 근처까지 오고 갈 수 있었다. 수비수와 공격수의 자리는 수시로 바뀌었다. 선우는 공격해 오는 새내기 청년들의 공을 뺐으면 목사님이나 성제에게 패스했다. 그리고 수비를 보는 청년들과 소통하며 상대 공격수가 골대에 오지 못하게 막았다. 경기는 3-2, 새내기 팀이 이겼다. 그리고 아쉬움이 남은 몇몇 청년은 공을 차며 운동장을 뛰어다녔다. 선우는 돌계단에 앉아 찬 공기에 열을 식혔다. 숨 쉴 때마다 연기처럼 입김이 나왔다. 옆에 앉아 있던 목사님의 등과 머리에서도 김이 났다. 수건으로 땀을 닦으며 선우에게 말했다.

"선우 형제, 축구 잘하네요."
"아닙니다. 군대 있을 때 몇 번 차 본 게 전부입니다."
"그래요. 신학교 준비는 잘 되고 있어요?"
"그냥 열심히 하고 있습니다."
"음. 성경을 많이 읽어야 합니다."

성경을 읽지 않는 것을 알고 있는 듯한 말투였다. 신은 믿음보다 무지함을 싫어할 것 같았다. 그리고 죄의 흔적을 살피듯 외국인처럼 생긴 그와 같은 질문을 했다.

"목회자가 되겠다는 확신은 언제 들었어요?"
"아, 그게. 군대에 있을 때 죽음에 대해 생각했습니다. 수백 번 삶을 그려 보아도 인간은 죽음을 피할 수 없었어요. 그래서 목회자가 되는 게 의미 없는 죽음을 가치 있는 삶으로 바꿀 수 있는 길이라 생각했습니다."
"목회자가 아니라도 가치 있는 삶은 얼마든지 있을 텐데요? 선우 형제 말대로 우린 죽음을 피할 수 없습니다. 그래서 하나님께서 주신 생명을 어떻게 사용하느냐에 따라 한 사람의 삶은 바뀌게 됩니다. 만약 목회자가 되겠다고 한다면 어떤 목회자가 될 것인가? 고심해야 합니다. 단순히 의미 없는 죽음을 모면하기 위해 목회자가 되는 건 이타적인 예수님과 거리가 있어 보여요. 무엇보다 하나님을 만나야 합니다. 그리고 믿음에 확신이 있어야 하죠. 예수님을 알지 못하는 사람들에게 말씀을 전하고 믿음을 갖게 해야 합니다. 피할 수 없는 죽음보다 생명을 먼저 생각해야 합니다. 목회자는 생명을 위해 사는 사람들입니다."

"생명을 위해 무엇을 해야 하나요? 생명이 영원할 수 있나요?"

"예수님께서 이 땅에 오신 이유입니다. 죄인이었던 우리를 대신해 십자가에 못 박히셨습니다. 이제 누구든 예수님을 믿으면 구원을 받고 천국에서 영원히 살 수 있어요. 아직 예수님을 알지 못하는 사람들에게 말씀을 전하고 믿음으로 죄에서 용서받게 해야 합니다. 형제님 말대로 의미 없는 죽음이 아닌 영원한 생명을 위한 일이죠."

"하나님을 믿지만, 믿는다는 것을 누가 알죠? 전 확신이 없는 건가요? 아직 죄가 남아 있나요?"

"하나님께서 아시겠죠."

"하나님께서 아신다는 것을 어떻게 확신할 수 있죠?"

"죽음 이후에 형제님의 믿음대로 행하실 거예요. 주어진 삶 동안 죽어갈 생명을 위해 복음을 전하세요. 그것이 앞으로의 믿음을 증명할 거예요."

"하나님을 믿기만 하면 천국에 갈 수 있나요?"

"믿음을 시인하고 세례를 받으면 됩니다. 입교 세례 받을 때 믿음을 고백하지 않았나요?"

"오래전 일이라 기억나지 않아요."

"괜찮습니다. 형제님이 여기까지 오신 것도 하나님의 인도하심이 분명합니다."

"그것이 믿음의 증거가 될까요?"

"형제님. 우리가 예배를 드리고 있는 것은 단순한 일이 아닙니다. 하나님을 믿음으로 서로 알지 못했던 사이에서 신뢰하는 사이가 됐어요. 이것보다 확실한 증거가 있나요? 그래서 형제님도 우리와 함께 있는 것 아닌가요?"

"음. 그렇군요. 혹시 믿음을 배신할 수도 있나요? 신뢰가 깨지면 상처가 되지 않을까요?"

"하나님께서는 우리를 용서하시고 십자가에 피 흘리셨습니다. 선택받은 사람에게는 끝까지 믿음을 잃지 않도록 하십니다. 물론 믿음을 저버리기도 하지만, 그조차 하나님께서 이미 예정한 일입니다. 심판은 하나님께서 하시니 우리는 믿음대로 살아가면 됩니다."

"그럼, 예배가 믿음을 증거할 수 있나요?"

"예배는 믿음의 기본입니다. 죄의 유혹을 이기기 위해 쉴 수 없는 것이 예배죠. 최소한 교회는 자신이 죄인임을 고백하고 죄를 알고 있는 사람들이 모이는 곳입니다. 병든 자에게 병원이 필요하듯 교회도 죄 씻음을 위해 오는 곳입니다. 어떤 사람이 병이 있어도 병원에 가지 않는 것처럼 죄도 마찬가지입니다. 예배는 죄로부터 멀어지는 믿음의 첫걸음이죠."

"죄 없는 사람은 교회 갈 필요 없나요?"

"죄가 없는 분은 오직 하나님 한 분입니다."

"회개하고 세례받은 우리도 죄에서 해방된 건가요?"

"죄는 우리 주변을 맴돌고 있어요. 그래서 하나님의 말씀과 기도로 마음을 정결하게 해야 합니다. 우리는 죄인에서 새사람이 되었을 뿐, 죄의 흔적은 언제든 죄를 짓도록 유혹하죠. 그렇게 사탄은 죄의 흔적을 틈타 믿음을 흔듭니다. 예배를 쉴 수 없는 또 다른 이유겠네요."

"교회 안에도 사탄이 존재하나요?"

"물론입니다. 기도하지 않는 교회를 무너뜨리기도 하죠."

"그렇다면 죽음의 문턱까지 믿음은 증거돼야 하겠네요? 죄를 씻을 수 있는 완전한 믿음은 없는 거네요?"

"그렇지요. 우리는 그저 하나님께서 만드신 피조물에 불과합니다. 그분의 예정으로 우리의 믿음이 판단될 수밖에 없죠. 그럼에도 뿌린 대로 거두시는 축복의 열매는 선한 자의 몫입니다. 선택받은 자 중 믿음으로 고난 겪지 않은 이가 없습니다. 믿음을 지키는 것은 죄로부터 자유로워야 할 어려운 문제입니다. 결국 선한 예수님을 닮은 자들은 천국에 갑니다. 그리고 하나님께서는 악한 자들을 떠나십니다."

"하나님의 축복이 천국에 가는 것인가요? 악은 어떻게 판단할 수 있나요?"

"음, 하나님께서 믿음대로 인도하실 거예요. 선우 형제."

쉼표 없는 대화 중에 외국인처럼 생긴 그가 물었다.

"우리는 하나님께서 선택한 사람들이죠?"

"그렇습니다. 우리는 선택받은 사람이에요."

"그럼 선택받지 못한 사람도 있나요?"

"물론입니다. 들을 귀 없는 이에게 복음은 들리지 않습니다."

선우는 질문을 가로채며 다시 물었다.

"하나님은 끝까지 우리를 용서한다고 하지 않았나요?"

"이미 예정하신 자들을 위한 용서는 끝이 없으십니다. 물론 개인의 의지로 예수님의 말씀을 지켜 행하고 믿음에 이르면 천국에 갈 수 있습니다. 하지만 선한 행위 자체로는 갈 수 없습니다. 우선 예수님을 믿고 죄를 고백하고 세례를 받아야 합니다. 선한 행위도 하나님을 믿을 때 비소로 할 수 있습니다. 아시다시피 우리는 죄를 갖고 태어났기 때문에 믿음 없이 선할 수 없습니다. 용서받는 것은 믿음을 얻고 난 후의 문제입니다. 어쨌든 믿음이 중요하죠."

"그럼, 선한 행위는 믿음으로부터 나오나요?"

"믿음을 가진 자도 언제든 악한 행위가 나올 수 있습니다. 항상 선할 수만은 없죠. 그래서 하나님의 말씀을 듣고 기도로 마음을 정결하게 해야 합니다. 한 주에 한 번은 꼭 예배를 드려야 하는 이유죠. 하나님께서는 믿음 잃지 않는 자를 용서하십니다."

"악한 행위도 믿음으로부터 나온다면 그런 자도 천국에 갈 수 있나요?"

"우리는 행위로 구원받지 않습니다. 오직 믿음으로 천국에 갈 수 있습니다. 물론 믿음은 악한 행위를 바로 잡고 선한 자로 이끕니다. 그건 어디까지나 하나님께서 하시는 일이죠."

"선한 행위가 무조건 믿음을 증거할 수 있는 건 아니네요?"

"믿음의 증거를 지금 당장 우리가 찾을 수 있는 것은 아니에요. 믿음은 믿음대로 하나님께서 이루게 하실 거예요. 하나님의 말씀에 따라 선한 믿음의 삶을 살았다면 언젠가 믿음의 증거를 보여 주실 겁니다."

"전 믿음을 얻었나요? 하나님을 믿고 있나요?"

"물론이죠. 두려워하지 마세요, 선우 형제."

그럼에도 신이 어떤 기준으로 선택할지는 인간이 판단할 수 없다고 선우는 생각했다. 믿음은 신의 허락이 있을 때 비로소 본인의 의지를 더할 수 있었다.

'선택받은 자와 선택받지 못한 자의 삶은 어떻게 나뉘게 될까? 선택받은 자가 신을 떠난다면 선택받지 못한 자가 될까? 신은 떠난 자를 끝까지 찾을까? 이것이 신의 뜻이라면 인간 스스로 예정되었다는 확신은 어쩌면 착각일 수 있다. 인간의 최종 목적지가 신에게로 가는 것이라면 모두는 교회로 향할 것이다. 그리고 목회자는 망설임 없이 선택받았다고 할 것이다. 그러나 교회 안에도 악한 자가 있다. 선과 악을 판단하는 신의 기준을 인간의 지혜로 알지 못한다면 악한 자가 선택받지 못한 자라 단정 지을 수 없을 것이다. 또한 선한 자가 선택받은 자라 할 수도 없을 것이다. 그러므로 세례가 선택받은 자의 증거가 될 수 없다. 신앙생활을 오래 한 사람이 지옥에 간다면 누가 신앙생활을 할까? 어제 신을 믿고 세례받은 자가 천국에 간다면 누가 신을 믿을 수 있을까? 처음 된 자가 나중 되고 나중 된 자가 처음 된다는 알 수 없는 신의 결정에 인간은 어떤 것도 확정 지을 수 없다. 삶보다 믿음이 더욱 중요하다면 믿음의 증거는 어떻게 알 수 있을까? 타인을 위해 십자가에 못 박힌 예수처럼 우리도 자진해서 십자가를 향해 가야 하지 않을까? 신의 간섭이 인간의 삶 깊은 곳까지 들어오길 바라는 타인의 기도는 누가 누구에게 하는 것일까? 그것을 믿음이라 할 수 있을까?'

선우는 예수의 삶이 얼마나 혹독한지 알지 못했다. 십자가를 짊어지고 골고다 언덕을 오르는 예수에게 사람들은 죄인 취급했다. 그리고 어떤 이들은 슬피 울었다. 이타적 삶을 살았던 젊은 날 예수는 끔찍한 최후를 맞았다.

'어느 누가 그 길을 가려 할까? 타인을 위한 숭고한 죽음을 누가 다시 재현하려 할까? 목회는 이타적인 삶을 살게 할 것이다. 복음을 전하고 예수를 믿게 하는 일. 선택받은 자의 하루, 신의 결정 그리고 나약한 신의 피조물 인간은 무엇도 확신할 수 없고 증거할 수 없다.'

9

선우는 어머니와 산책로를 돌아 집으로 향하고 있다. 비는 그쳤다. 거리는 한 바가지 눈물을 쏟고 진정된 듯 풀벌레 소리가 숲을 채웠다. 몇 년 전 뒤늦게 목사가 된 사람과 재혼한 어머니는 허름한 상가 교회에서 생활했다. 새벽만 되면 전자 기기에서 흘러나오는 찬송가가 잠들어 있던 주변 빌라들을 깨웠다. 개척교회를 어떤 마음으로 시작했는지 모르지만, 선우에게는 그때나 지금이나 의미 없는 일처럼 느껴졌다. 여전히 밑 빠진 독에 물을 붓고 있는 듯했다. 한 달 임대료와 생활비는 어떻게든 충당한다 해도 언제까지 그렇게 살 수 있는지 의문이었다. 일정한 보폭으로 걷고 있던 선우는 다시 말을 꺼냈다.

"교회 성도는 늘었어?"
"처음보다 늘었지. 어떻게든 운영은 돼."
"십일조가 그만큼 들어와?"
"여기저기서 들어오는 후원도 있어. 십일조는 얼마 안돼."
"난 잘 모르겠네. 누구를 위해 사는 건지, 그렇게 산다고 누가 알아주는 것도 아니고."
"하나님은 알고 계시겠지."

"하나님? 알면 가난도 구제할 수 있나?"

"물질이 전부는 아니잖니. 만약 주실 때가 되면 주시겠지."

"엄마는 신이 인간을 이용하고 있다는 생각은 안 해 봤어?"

"우리는 하나님의 피조물이야. 그분의 말씀으로 살아가야 해. 믿음을 가져야 하지 않겠니? 여전히 하나님을 모르는 사람들은 많아. 그들 중에는 연약하고 병들고 고아에 과부들도 있어. 누군가는 예수님의 말씀을 전해야 하지 않겠니? 얼마나 고통스럽겠니?"

"신이 해야 할 일을 왜 엄마가 해? 수고에 대한 대가도 없잖아."

"변화가 있잖니. 하나님을 믿고 새사람이 되는 변화를 보는 순간은 하나님께서 살아 계심을 느끼게 해. 그리고 언젠가 사람들이 우리 교회로 몰리게 될 날을 기대해."

"그런 날이 올 수 있을까? 그전에 의심부터 사게 될 거야. 예수가 그랬던 것처럼 구원은 고통에 이르는 또 다른 고통을 낳아."

"선한 일을 하는데 의심을 왜 사니? 왜 고통스럽니?"

"신을 떠난 사람들은 대가 없는 선한 일은 없다고 생각해. 그래서 선한 일은 의심과 고통이 따라."

"신을 떠난 사람들도 하나님의 자녀야."

"그들은 이미 열매를 따 갔어. 죄를 회개하지 않는 자들이야. 그들을 구원하겠다는 건 누구를 위한 일이야?"

"그거야, 하나님을 위한 일이지."

"하나님은 엄마에게 무엇을 주는데?"

"평안, 용서, 기쁨, 안식."

"죽어야 얻어지는 것들이네."

"그렇지 않아. 지금도 평안과 기쁨은 누리고 있어."

"엄마가 사는 세상은 물질 없이 살 수 있는 곳이 아냐. 신이 줄지도 모를 것들은 에덴 밖에도 존재해. 신은 자신의 빈자리를 채우는 일에 관심 없어. 신의 손에서 벗어나."

"어떻게 하나님의 손에서 벗어날 수 있겠니?"

"에덴을 떠나면 돼."

"아담과 하와처럼?"

"그래! 열매를 갖고 에덴 밖으로 떠나. 그리고 강건한 부자들과 몇 대에 걸쳐 깨지지 않는 가정들을 모아야 해. 어차피 나서지 않아도 될 만큼 대가 있는 선한 일들은 다른 곳에서 하고 있어. 지금 예수가 태어났다면 십자가에 못 박힐 일도 없을 거야. 신이 말이 없는 건 이미 모든 걸 이루었기 때문이야. 더 이상 예수가 할 일은 없어. 부자들이 교회에 와야 해. 그들의 돈으로 건물을 세우고 화려한 조명과 웅장한 음향기기가 놓인 넓은 강단을 만들어야 해."

"정작 가난하고 약한 자들은 어떤 교회로 가야 하니?"

"교회는 그런 자들이 모이는 곳이 아냐. 통제와 감시를 싫어하니깐 자유를 찾아 떠난 사람들은 누구의 속박도 받고 싶어 하지 않아. 교회는 자유로운 곳이 아니야!"

"왜 교회가 자유로운 곳이 아니니?"

"신앙의 연수와 헌금의 양으로 믿음을 판단하잖아. 예배와 십일조는 인간의 자유를 억압해. 그리고 교회는 평온을 싫어해. 부자들은 언제든 분란을 일으키고 머리가 되려 해. 부자에게 교회를 짓게 하고 신의 자리를 내줘. 그리고 중개자가 돼. 지금보다 고통스럽지 않을 거야. 힘없는 사람들은 교회에서 무엇도 할 수 없지만 화려한 건물을 좋아하게 될 거야. 그래야 침묵하는 신의 대리자 노릇을 하는 사람은 자유롭고 누리지 못하는 사람들은 통제와 감시 속에 살아가게 돼. 엄마의 자유도 목회자 편에서 교회를 세웠기 때문이야."

"그래서 우리 교회는 억눌린 자들이 오길 바라는 거야!"
"힘없는 자의 머리 위에 서고 싶은 건 아니고? 교회는 십일조와 연수로 운영되는 곳이야. 가난하고 약자들을 위한다는 건 오직 신만이 할 수 있어. 믿음으로는 무엇도 이뤄낼 수 없어. 신은 이제 아무 일도 하지 않아. 당연하게 생각하고 있어."
"그럼, 그들을 버리라는 거니?"
"스스로 찾지 않는 사람들에게 내밀 손이 있다면 부자를 찾아. 이미 신은 그들을 위한 일들을 다 했어. 팬히 예수 흉내 내지 않아도 된다고."
"그게 무슨 말이니! 예수 흉내라니!"

모자의 대화에 가시가 돋았다. 여전히 출가한 신을 찾는 사람들과 신의 빈자리를 차고 앉은 사람의 외침에도 신은 돌아오지 않을 것이다. 선우는 없는 신을 새벽마다 부르짖는 사람들은 누구에게 목청을 높이는지 몰랐다. 중개자의 역할을 하는 사람은 믿을 대상 없이 믿음을 말했다. 신을 모방하며 난잡한 수고를 이어가는 중개자는 믿음의 수수료를 떼어 더부룩한 배를 불렸다. 예수의 빈자리를 그리워하는 이들은 오지 않을 신을 기대하며 하루하루 의미 없는 죽음에 가까워졌다.
어디에도 신이 없다면 어디서든 신을 믿을 수 있었다. 교회가 아닌, 사람들이 모이는 곳이라면 예수의 흔적을 가진 사람은 신의 사랑을 전할 수 있었다. 선우에게는 15인승 승합차일 것이고 누군가에게는 음식을 판매하는 곳이다. 그곳이 사창가라고 달라지는 것은 없었다. 어디에도 신이 없다면 어디서든 예수가 면죄한 자유로운 신의 역할을 할 수 있었다. 죄인들이 모이는 교회와 다르게 구애받지 않은 사람은 어디서든 신을 믿으며 사랑을 전할 수 있었다.
모든 일을 끝마친 예수의 죽음으로 우리는 신이 될 수 있었다. 오직 신만이 할 수 있는 대가 없는 사랑을 전할 수 있었다. 행방을 알 수 없는 묘연한 물질이 대신할 것은 콘크리트 벽과 조명뿐이었다.

10

도서관으로 가는 길이 다른 날보다 길게 느껴지는 것은 선우의 태도에 은혜가 말을 꺼냈기 때문이다. 한 번도 내색하지 않았던 그녀가 말하기 전까지 누구도 질타와 의심의 시선을 보내지 않았다. 성경을 읽지 않는 것을 이상히 여기는 누구도 선우에게 아무 말하지 않았다. 한 주 동안 얼마나 성경을 읽었는지 점검하는 시간은 신 앞에서 거짓말을 할 수 없게 했다. 그리고 읽지 않은 성경을 정직하게 말하는 것은 최소한 신에 대한 배신은 아니었다. 종종 변명으로 일관했던 것은 문제를 푸는 고통에 성경을 읽어야 하는 수고가 묻혔다는 말이었다.

"오빠는 왜 성경을 읽지 않아요?"
"읽어야지. 그런데 시험 준비하는 것도 힘들어."
"성경도 읽지 않으면서 목회는 어떻게 하려고 해요?"
"성경을 읽지 않으면 할 수 없는 거야?"
"당연하죠. 무엇으로 성도님들을 이끌 거예요?"
"예수님도 성경을 읽으셨어?"
"그게 무슨 말이에요? 예수님의 말씀이 성경이죠."
"그래? 예수님은 어떻게 알고 말씀하셨을까?"
"하나님의 아들이고 구원자이시니깐 알고 계셨겠죠."
"만약 예수님이 십자가에 죽지 않았다면 우리에 대한 사랑을 확증할 수 있었을까? 목회가 사랑을 확증하는 것이라면 성경에 대한 지식이 부족해도 할 수 있지 않을까?"

"설교는 무엇으로 하려고요? 성경을 알아야 설교도 할 수 있잖아요. 성경을 읽지 않고 어떻게 하나님의 사랑을 전할 수 있어요?"

"사랑을 전달하는데 설교만 있는 건 아니잖아. 믿음이 중요하지 않아? 성경을 어떤 방식으로 전하든 하나님께서 하실 거야. 목사님께서 믿음대로 행하시는 하나님을 신뢰하라고 하셨어."

"사랑을 전달하는 것도 자격이 있어요. 아무나 할 수 있는 건 아니에요. 오직 성경에 의해서만 해야 해요. 성경을 모르는 믿음이 무슨 소용이 있어요? 차라리 문제 푸는 것보다 성경을 읽는 게 좋을 것 같아요."

"오직 믿음으로 할 수 있잖아. 하나님께서 곁에 계신다면 은혜 가운데 해 나갈 수도 있지 않아? 새벽마다 하나님께 기도하면서 믿음은 확고해지고 있어. 그리고 부족한 부분을 채워 주실 거야. 내 힘으로 하는 게 아니라고 했어. 그리고 읽기만 하는 건 위험해."

"어쨌든 성경을 알아야 교회 사람들도 오빠를 신뢰할 거예요."

"하나님을 믿으면 우리는 서로 신뢰하는 관계라고 했어. 하나님과의 신뢰가 믿음의 증거야."

"목회자가 되는 건 쉬운 일이 아니에요. 말에 책임을 져야 해요. 실수가 없어야 해요. 꼭 그렇게 돼야 해요."

"그렇게 돼야 하는 이유가 있어?"

"목회자의 말 한마디에 청중들의 삶은 달라져요. 그래서 설교는 중요해요. 읽고 마음에 새겨야 해요. 목회자의 삶이 바뀌지 않으면 성도들은 하나님의 말씀이 아닌 사람의 말을 따라가게 될 거예요. 오빠의 말이 아닌 하나님의 말씀을 전하려면 성경을 알아야 해요."

"성경이 그렇게 중요하다면 믿음은 어디서 나오는데?"

"당연히 성경에서 나오죠."

"지식 없는 사람은 믿음도 가질 수 없는 거야?"

"그래서 우리에게 두 귀가 있잖아요. 설교를 통해 듣고 새기면 믿음을 가질 수 있어요."

"믿음을 얻는 창구가 듣기만 해야 한다면 전달되는 메시지가 사람의 말인지 하나님의 말씀인지 어떻게 알아? 모든 설교자가 깊은 믿음을 가졌다고 할 수 없잖아. 믿음 없는 설교에 은혜가 있어? 하나님을 향한 믿음이 부족한 지식도 메워 주시진 않을까?"

"그래서 믿음으로 설교해야죠. 무엇도 부족하면 안 돼요. 오빠는 목회자가 될 테니, 올바른 말씀을 전해야 해요. 그런데 성경을 읽지 않잖아요. 물론 설교가 지식으로만 전하는 건 아니지만 성경을 깊이 탐구할 때 하나님과 가까워질 수 있어요. 하나님을 아는 지식은 온전한 믿음을 얻게 하고 은혜를 더할 거예요. 마찬가지로 성경 없는 설교에 믿음도 없어요."

쏘아붙이는 말에 선우는 입을 닫았다. 질타를 멈춘 은혜는 푸념하듯 한숨을 내쉬었다. 소문이 빠른 교회는 맞든 틀리든 말이 먼저 앞섰다. 목회자를 포함한 직분을 갖고 있는 사람들은 말과 행동을 조심해야 했다. 선우는 답답함을 느꼈다. 의미 있는 죽음을 위해 시작했던 삶이 자신과 맞지 않다고 생각했다. 만들어질 수 없는 목회자는 신의 선택에 따라 경건한 삶과 믿음의 태도를 지켜 행할 수 있는 타고난 사람이 있는 듯했다. 선우는 예정된 사람이 아닐 수 있었다. 그럼에도 신은 은혜라는 소망을 주었다. 어쩌면 지금이 가장 행복한 순간일지 몰랐다. 단지, 신의 선물이 은혜였다면 언제든 은혜를 떠나게 할 수도 있었다. 신과의 거리를 좁히기 위해 다가간 죽음이지만 평안보다는 불안감이 엄습하는 것은 신의 부름에 부응하지 못할 부족함을 느껴서였을 것이다.

　은혜는 열람실에 들어가자마자 책상에 몸을 바짝 당겨 앉았다. 그리고 귀에 이어폰을 낀 채 책을 폈다. 선우는 행여 신학교에 입학하지 못하거나 신을 떠나게 된다면 그녀도 자신을 떠날 것 같았다. 성경책을 폈다. '시편 4편'을 읽어 나갔다. 8절 말씀을 읽고 있을 때 핸드폰으로 문자가 왔다.

[뭐 하냐?]
[도서관이지.]
[나와.]
[어딘데?]
[주차장.]

　선우는 곁눈질로 그녀를 살핀 뒤 소리 없이 의자를 뺐다. 허리를 굽히고 의자를 들어 책상 안으로 넣었다. 은혜는 열람실을 나가는 선우를 보았지만, 별말 없이 수학 문제를 풀었다. 도서관 주차장에 차를 대고 1층 로비 쪽으로 걸어오는 성제에게 선우는 반갑게 인사했다.

"어떻게 왔어?"
"공부하러 왔지."
"무슨 공부?"
"공무원 시험."

　자판기에서 음료수를 뽑아 흡연이 가능한 야외 벤치로 갔다. 성제는 담배를 물더니 불을 붙였다. 선우는 연기를 들이마시는 성제를 물끄러미 봤다. 선입견이 사라지는 순간이었다. 군대에서 끊었던 담배 연기가 코끝을 자극했다. 한 대 물고 싶어졌다. 몇 모금 빨아 대던 성제는 연기를 뱉으며 말했다.

"공부는 잘되냐?"
"그냥 하는 거지. 넌?"
"슬슬 시작해야지."
"난 앞으로 성경책 위주로 공부해야 할 것 같아."
"성경? 수능은? 신학교는 점수로 가는 것 아냐?"
"그렇지."

선우는 한숨을 쉬었다. 성제의 손가락에서 담배 연기가 피어올랐다. 그리고 손에 들린 담뱃갑을 보며 말을 이었다.

"성경이 어렵잖아? 시대상을 알아야 하고 비유도 많고 단어도 일일이 찾아봐야 하고. 아무 생각 없이 읽어 봐야 별 의미 없는 것 같아. 굳이 뜻도 모르고 읽어야 하는지도 모르겠고."
"음. 나도 성경은 잘 안 읽어. 목사님이 읽으라고 하니깐 그냥 읽는 거지. 뜻을 알고 읽지는 않아. 그래도 성경이 주는 위로가 있기는 해."
"위로?"
"작년에 시험 보고 떨어졌거든. 며칠, 몇 달을 쉬다 보니깐 백수가 되더라고. 그래서 성경이라도 읽었지. 의미 없이 시간이 흐르지는 않더라고. 난 공부하기 전에 성경을 읽고 시작해."
"뜻을 몰라도 괜찮아?"

"알 필요 있어? 좋은 말씀이겠지."

1층 정문에서 까랑까랑한 목소리가 들렸다. 성제는 익숙한 듯 재빠르게 담배를 끄고 가방에서 향수를 꺼내 옷과 주변에 뿌렸다.

"둘이 거기서 뭐 해요?"

성제는 손을 흔들며 인사했다. 은혜는 담배꽁초가 떨어진 벤치 주변으로 다가오며 선우에게 말했다.

"담배 피웠어요?"
"내가 핀 거야."

성제는 대수롭지 않게 말했다. 남매처럼 말을 주고받는 사이, 선우는 끊었던 담배가 피고 싶어졌다. 둘의 대화가 희미해지며 담배가 크리스천에게 죄가 될까? 생각했다.

'인간의 몸부림치는 고통 속에서 담배 정도는 신도 허용할 것이다. 인간에게 담배를 금지했던가? 예수가 죄악시했던 조항들은 시기와 투기, 분쟁, 술 취함 정도였을 것이다. 신의 선물이 좋은 것이라면 담배는 잡념을 벗고 신과 더욱 밀접한 관계가 될 수 있다. 생명의 근원을 밟고 올라가 보자. 언젠가 신을 만날 수 있을 것이다. 밑에서 올라오는 인간에게 수고의 의미로 한 개비 담배는 힘든 영혼을 달래기에 충분할 것이다.'

죽음을 걱정할 일 없었던 신의 울타리에서 불안감을 느꼈던 선우라면 도리어 맑은 정신은 신의 존재를 의심할 수 있었다. 이성의 끈을 세뇌시키듯 바닥에 떨어진 꽁초에서 나는 쾌쾌한 냄새를 맡았다. 그리고 숨을 헐떡이며 근원의 계단 꼭대기에서 한 개비 담배를 쥐고 있을 신을 믿으며 오늘 하루를 살고 싶었다. 성경이 주는 위로만큼 담배도 평안이었을 것이다. 담뱃잎이 타고 남은 꽁초에서 더 이상 연기가 피지 않을 때쯤 남매의 목소리가 들렸다.

"목사가 되겠다는 사람이 성경을 일주일에 한 장도 안 읽을 수 있어?"
"신학교 가서 읽으면 되지. 어쨌든 신학교 가는 게 우선 아냐?"
"성경에 대해 아는 게 없는데 가면 뭘 해?"
"네가 걱정할 일은 아닌 것 같은데."
"걱정을 왜 안 해?"
"걱정을 왜 해? 목회자의 일은 하나님께서 하시는 거야."

성제는 선우의 대변인이라도 되는 듯 말했다. 그리고 가만히 듣고 있던 선우는 중재자처럼 끼어들었다.

"목회자가 되려면 예수님을 닮아 가야 하잖아. 성경부터 읽는 게 좋겠어. 그런다고 예수님처럼 될 수 있을까?"
"예수님처럼 될 수는 없죠! 예수님을 닮아 갈 뿐, 그분처럼 될 수는 없어요." 은혜가 말했다.
"왜?" 선우가 말했다.
"예수님은 하나님의 아들이잖아요. 인간이 어떻게 신이 될 수 있어요?" 은혜가 말했다.
"예수처럼 죽으면? 모두의 죄를 대신해 십자가에 못 박혀도 안 될까?"

선우가 말했다.

"그럴 용기가 있어?" 성제가 말했다.

"용기로 될 일이 아니잖아. 하나님의 아들이기 때문에 하신 거야. 그리고 이미 예수님께서 우리의 죄를 대신해 피 흘리셨기 때문에 더 이상 희생제물은 필요 없어." 은혜가 말했다.

"앞으로 우리 중에 누구도 예수님처럼 될 수 없는 거야?" 선우가 말했다.

"예수님처럼 사랑이 많으면 아마도 신이 될 수 있지 않을까?" 성제가 말했다.

"예수님 같은 사랑을 가진 사람이 있어? 이미 인간은 죄를 갖고 태어나! 십자가에 못 박힐 만큼 죄인을 사랑할 수 있는 사람이 있어?" 은혜가 말했다.

"있다면?" 선우가 말했다.

"예수님처럼 될 수도 있지 않을까? 어쨌든 예수님도 인간의 몸에서 태어나셨잖아." 성제가 말했다.

"여자의 배 속에서 잉태한 건 하나님께서 예정하신 일이었어. 어떻게 남자와 동침하지 않고 임신할 수 있어?" 은혜가 말했다.

"하나님의 예정이 있으면 예수님처럼 될 수 있는 거야?" 선우가 말했다.

"이미 예수님께서 우리의 죄를 대신해 십자가에 돌아가셨으니 그런 일은 없어요! 우리는 믿기만 하면 영생을 얻고 천국에서 살 수 있어요." 은혜가 말했다.

"믿기만 하면 돼?" 선우가 말했다.

선우는 매번 같은 자리를 돌고 있는 듯했다. 확실한 증거를 찾을 수 없으면서도 믿음을 확신해야 하는 것은 불안을 느끼는 원인 중 가장 큰 이유였다. 물론 여러 증거들을 제시했지만, 삶을 신에게 내려놓는 담보 정도였다. 담보는 마치 휴지 조각이 되지 않기 위해 매일 기도해야 하는 족쇄와도 같았다. 떠날 수 없는 신의 울타리에 갇힌 채 쉬지 않고 예배드리는 이의 믿음을 증명할 방법은 죽음 밖에는 없었다.

"신을 믿고 있다는 증거를 어떻게 확신할 수 있어?" 선우가 말했다.
"세례 받았잖아요? 성찬에 참여하지 않나요? 예수님의 살과 피를 먹고 마시며 대속과 부활을 기념하는 것이 믿음을 증명하는 것이 아니고 뭐예요?" 은혜가 말했다.
"전에 목사님하고 말했듯이 우리가 믿음을 확정 지을 수 있는 문제는 아닌 것 같아. 그냥 믿는 거지. 어쩌면 믿음의 증거를 찾으려는 행위 자체가 불신의 증거가 아닐까?" 성제가 말했다.
"믿음의 증거를 찾으면서 하나님을 믿지는 않아요." 은혜가 말했다.
"선한 행위가 믿음에서 나온다고 하셨어. 어쩌면 증거를 찾는 행위가 선한 일이 될 수도 있어." 선우가 말했다.
"행위 자체가 믿음의 증거가 될 수는 없어요. 만약 행위를 통해 믿음을 증명할 수 있다면 누군가는 거짓된 선한 행위 모든 것을 증거로 삼을 거예요." 은혜가 말했다.
"맞아. 언제든 행위보다는 믿음이 앞서야 해." 성제가 말했다.
"선한 행위가 믿음으로부터 참인지, 거짓인지 우리가 판단하면 안 되잖아. 정죄는 하나님만 하는 것 아니었어?" 선우가 말했다.
"믿음은 억지로 꾸며낼 수 없어요. 믿음은 언제나 하나님과 이웃을 사랑하며 드러나게 돼요. 만약 행위가 앞서게 되면 스스로 신이 되려 하거나 추앙받을 수 있어요." 은혜가 말했다.

"행위가 신이 될 수 있는 위험이 있다면 믿음으로부터 나오는 행위는 신이 될 수 있는 위험으로부터 안전해?" 선우가 말했다.

"최소한 믿음이 먼저 있다면 신의 영역은 넘어가지는 않겠죠. 믿음은 겸손과 낮아짐을 겸비하기도 하니깐요. 판단하거나 정죄할 이유도 없어요. 믿음보다 행위가 앞선 자는 손에 쥐어지는 것이 없으면 하나님을 떠날 거예요." 은혜가 말했다.

"맞아. 신이 되려는 자와 하나님을 높이는 자는 같을 수 없어." 성제가 말했다.

"그럼. 온전한 믿음이 우리에게 줄 수 있는 건 뭐야?" 선우가 말했다.

"사랑과 기쁨 그리고 구원." 성제가 말했다.

"사랑과 기쁨? 그리고 구원?" 선우가 말했다.

매일 한 걸음씩 다가가는 죽음 앞에 인간은 한낱 신의 선택에 따라 주체가 될 수 없는 존재였다. 불안은 이내 숨을 막히게 했다. 믿음을 가진 자의 삶과 믿음을 찾아가는 삶은 신을 맞이하는 태도에서 다르게 나타날 것이다. 후자에 해당하는 선우에게 믿음을 찾아가는 여정은 직접 신을 만나는 방법밖에 없었다. 그러나 그 누구도 신을 실물로 만난 사람은 없었다. 꿈과 환상, 기도 중에 음성이 들렸다는 근거 없는 이야기로 믿음을 확인받으려 했다. 그리고 이성의 끈을 세뇌시켰던 선우의 믿음에도 여전히 확인받을 만한 증거는 없었다. 믿음의 대가로 천국 문을 열어 줄 신의 사랑에 값없는 구원은 없었다.

"구원에도 비용이 들어가?" 선우가 말했다.
"어떤 비용이요?" 은혜가 말했다.
"매주 우리가 내는 헌금." 선우가 말했다.

"헌금은 예배에 일부죠. 그리고 예배는 믿음의 표징이죠." 은혜가 말했다.

"헌금이 믿음과 연관 있어? 얼마를 내야 믿음의 표징이 될 수 있어?" 선우가 말했다.

"자기 것의 십 분의 일 또는 감사의 의미로 드려요. 헌금도 믿음이 있어야 할 수 있는 거예요." 은혜가 말했다.

"헌금의 양에 따라서 믿음의 양도 달라져?" 선우가 말했다.

"그건 아니에요. 가난한 과부가 생활비 전부를 헌금한 것을 보시고 예수님께서 칭찬하셨어요." 은혜가 말했다.

"그게 얼만데?" 선우가 말했다.

"대략 만 원쯤 된다고 알고 있어." 성제가 말했다.

"물질의 양이 아닌 믿음의 양을 보시는 것이죠. 헌금을 내는 행위가 믿음을 대신할 수는 없어요. 믿음이 있기 때문에 헌금을 내는 거죠." 은혜가 말했다.

"그럼, 거지는 어떻게 믿음을 확인받아?" 선우가 말했다.

"믿음을 먼저 보시는 하나님께서 믿게 하시고 새 삶을 살아가게 하시겠죠." 은혜가 말했다.

"그럼에도 헌금을 내지 않으면?" 선우가 말했다.

"그럴 수는 없어요. 하나님께서는 실수하지 않으세요. 거지가 믿음으로 새 삶을 얻었다면 믿음은 변함없어야 해요. 믿음은 곧 헌금이죠." 은혜가 말했다.

"헌금을 내지 못하면 믿음도 증거될 수 없는 거야?" 선우가 말했다.

"없죠. 거짓이죠. 지옥에 가겠죠." 은혜가 말했다.

"천국과 지옥은 누가 결정하는데?" 선우가 말했다.

"하나님이 결정하시죠." 은혜가 말했다.

"그럼, 천국과 지옥이 헌금으로 결정되는 거야?" 선우가 말했다.

"오빠가 말한 믿음의 증거 중 헌금은 많은 부분을 차지해요. 예배 중에 어느 하나라도 빠져서는 안 돼요. 기도, 찬양, 설교, 헌금 네 가지는 꼭 들어가야 해요." 은혜가 말했다.

"믿음의 증거 중에 한 가지라도 충족되지 못하면 지옥에 가?" 선우가 말했다.

"하나님의 형상으로 만들어진 인간이 한 가지라도 부족하면 기능을 다하지 못할 거예요. 믿음도 어느 한 부분이 채워지지 않는다면 온전한 믿음이라 하지 못하겠죠." 은혜가 말했다.

"그건 비유가 잘못되지 않았어? 형상 이면에 영혼이 있잖아. 겉보다는 속이 하나님의 형상과 닮아 있을 수도 있잖아. 몸은 언젠가 흙으로 돌아가지만, 영혼은 남아 있어. 아마도 믿음이 겉으로 보이지 않는 이유는 영혼 안에 감춰져 있기 때문인지도 몰라. 믿음은 몸이 움직이는 게 아니라 영혼이 움직이는 거잖아." 선우가 말했다.

"하지만 겉은 속을 비추는 거울이에요. 속이 하나님의 형상과 닮지 않았다면 겉 또한 하나님의 형상을 나타내지 못할 거예요. 믿음이 속에서 겉으로 나오듯이 겉으로 나오지 않는 믿음은 속에도 없는 것 아닐까요?" 은혜가 말했다

"맞아. 믿음이 속 사람에서 겉 사람으로 나온다면 하나님의 형상을 닮았다고 할 수 있지. 그럼에도 겉 사람을 꾸밀 수 있다면 믿음은 인간의 눈으로 판단할 수 없어." 성제가 말했다.

꽁초가 널브러진 벤치 주변으로 찬 바람이 불었다. 겉옷을 걸치지 않은 은혜는 몸을 움츠렸다.

"헌금이 믿음의 증거 중 하나라면 헌금은 어떻게 쓰이는 거야?" 선우가 말했다.

"교회 운영비나 목회자 사례비, 선교 후원금 그리고 지역 사회에 쓰이겠죠." 은혜가 말했다.

"남는 돈은?" 선우가 말했다.

"증축이나 신축하는 것 같기도 해. 아무래도 낡은 것보다 크고 세련돼 보이면 사람들의 눈길을 끄니깐." 성제가 말했다.

"해외 선교지에 교회나 학교를 짓기도 해요." 은혜가 말했다.

"그래도 돈이 남으면?" 선우가 말했다.

"교회는 돈을 남기지 않아요. 모두 흘려보내려고 해요. 간혹 횡령하는 목사님도 있지만 하나님을 믿는 사람이라면 그런 짓은 하지 않겠죠." 은혜가 말했다.

"그럼, 헌금을 속이는 것도 횡령이라고 할 수 있어?" 선우가 말했다.

"어떻게 속여요?" 은혜가 말했다.

"십일조를 속이는 거지. 한 달에 120만 원 버는 사람이 십일조로 11만 원을 하면 믿음을 속이는 거잖아. 자신이 만 원을 가져갔으니 횡령 아냐?" 선우가 말했다.

"음. 그럴 수 있네." 성제가 말했다.

"아나니아와 삽비라 같네요." 은혜가 말했다.

"그런데 12만 원을 헌금한 사람의 돈이 신에게 의미 있을까? 돈은 사람에게 필요하잖아. 하나님도 돈이 필요해?" 선우가 말했다.

"헌금은 돈이라기보다 믿음의 표징이죠." 은혜가 말했다.

"마치 몸은 물질이고 영혼을 헌금으로 본다면 헌금은 보이지 않던 믿음이 물질을 통해 나타난 것 아닐까? 제사장은 제사가 끝나고 고기가 된 예물로 살아갔어. 그렇게 짐승은 예물인 동시에 제사장의 생활을 유지

했거든. 우리가 드리는 물질은 헌금인 동시에 돈으로서 역할을 하는 것 같아." 성제가 말했다.

"믿음에 대한 표징으로 드린 물질이 헌금을 낸 사람의 몫인 동시에 물질은 제사장의 몫이 된다는 말이네." 선우가 말했다.

"그래서 예수님은 과부의 생활비 전부를 칭찬했던 것 아닐까요? 예수님은 돈이 필요하지 않잖아요." 은혜가 말했다.

"그럼. 헌금의 양은 중요하지 않잖아?" 선우가 말했다.

"왜요?" 은혜가 말했다.

"헌금에 대한 판단 기준이 믿음에 있다면 하나님은 물질의 양이 아닌 헌금을 원하시는 거잖아. 헌금의 양에 따라 믿음을 기준 삼는 건 하나님도 웃을 일 아냐?" 선우가 말했다.

"그렇지. 믿음 다음에 헌금이 온다면 헌금으로 믿음을 저울질할 수는 없지." 성제가 말했다.

"아니지. 믿음은 속일 수 없기 때문에 헌금의 양이 곧 믿음이 될 수 있지." 은혜가 말했다.

"만약 헌금의 양으로 믿음을 확인받으려는 사람이 있다면 온전한 믿음이라 할 수 있어?" 성제가 말했다.

"그거야 하나님께서 판단하시겠지. 헌금의 양이 많을수록 믿음이 크다고 확답할 수는 없지만, 물질을 드리는 건 사람에게 쉬운 일이 아니잖아." 은혜가 말했다.

"헌금의 양에 따라 믿음의 양이 달라진다면 자신의 믿음보다 더 많은 물질을 드린 사람을 하나님은 어떻게 생각하실까? 돈이 아닌 헌금을 보신다면 믿음만큼 축복하실 거야. 어디까지나 믿음은 갖는 것이 아니라 하나님으로부터 얻는 거잖아. 믿음 이상의 돈은 하나님이 아닌 사람에게 잘 보이기 위한 수단이 될 수 있어." 성제가 말했다.

"어쨌든 헌금은 목회자의 생활을 위해 쓰이거나 교회 운영에 필요한 것은 당연한 거야. 믿음이 없다면 물질도 드리지 못하겠지. 우리가 판단할 수 있는 건 없어." 은혜는 말했다.

"그럼, 직분은 어떻게 생각해? 믿음에 따라 줘야 하는 것 아냐?" 성제가 말했다.

"그래서 우리 교회는 헌금의 양으로만 장로나 권사 직분을 주지 않잖아." 은혜가 말했다.

"박 권사님? 그래서 말이 많아. 헌금이 다른 분들에 비해 낮다고." 성제가 말했다.

"그래도 박 권사님이 다른 분들에 비해 신앙심은 더 깊어." 은혜가 말했다.

"어떤 기준으로 신앙심을 판단하는데?" 성제가 말했다.

"새벽예배, 모범적인 신앙생활, 그리고 기도에서 믿음이 드러나시잖아." 은혜가 말했다.

"결국 행위로 판단하는 것 아냐? 방금 우리가 판단할 수 없다고 했잖아?" 성제가 말했다.

"그래서 교회 재정을 감당하는 것을 믿음의 첫 번째 순위로 둘 수밖에 없는 거야. 어쨌든 물질은 눈에 보이잖아." 은혜가 말했다.

"눈에 보이는 행위가 믿음을 결정지을 수 없다고 그랬잖아." 성제가 말했다.

"맞아! 그런데 물질은 우리에게 없어서는 안 될 존재잖아. 어떻게 보면 가장 소중한 것일 수 있어. 헌금을 내는 것을 행위로만 볼 수 없지." 은혜가 말했다.

"은혜 말대로 사람이 모이는 곳엔 물질이 필요해. 그리고 개인에게 소중한 물질을 드리는 것은 보이지 않는 믿음을 나타내는 순수한 행위일지도 모르지. 나타날 것이 보이는 것에 전부가 될 수는 없으니깐. 헌금을 적게 낸다고 보이는 믿음을 행위라 볼 수 없지." 선우가 말했다.

"맞아요. 돈으로 믿음을 사는지는 하나님만 아시겠죠. 그리고 언제가 실제로 나타나 보여 주시겠죠." 은혜가 말했다.

"어쨌든 난 믿음이 우선돼야 물질이 헌금의 가치를 얻을 수 있다고 생각해. 물론 하나님의 시선이 아니고서야 믿음과 불신을 판단할 수 없겠지만." 선우가 말했다.

"어떻게 하나님의 시선이 아니고서야 사람의 믿음을 보겠어? 옷으로 본연의 모습을 가리게 됐을 때부터 어떤 옷을 입었는가에 따라 사람이 달리 보일 수밖에 없었던 것은 어디까지나 사람의 시선이었어. 하나님의 시선에서 어떤 옷을 입었든 어떤 직분을 가지고 있던 본연의 모습을 보신다면 믿음은 사람의 시선으로 판단할 수 없는 거야. 오직 하나님만 보시는 거지." 성제가 말했다.

"맞아. 옷은 사람에게 자신을 감추거나 잘 보이기 위한 수단일 수 있어. 그런데 하나님 앞에서는 의미 없잖아. 옷을 입는 행위는 죄가 있다는 증거일 거야." 선우가 말했다.

"하나님의 시선에서 믿음이란 죄가 틈타지 않기 위해 꽁꽁 싸매기보단 풀어헤친 사람을 더 신뢰할지도 모르겠네요. 겉모습보단 속 사람을 더 보시니깐." 은혜가 말했다.

"결국 믿음을 증명해야 구원도 인정될 수 있어." 선우가 말했다.

오전에 시작했던 대화는 점심시간이 돼서야 끝났다. 열람실에 있던 수험생들은 일제히 식당으로 빠져나갔다. 선우의 책상에는 마태복음이 펼쳐져 있었다. 어떤 사람이 지나쳐 나오면서 선우의 성경책 앞에 섰다. 그는 11장 28절을 유심히 보더니 열람실을 나갔다.

11

모자는 집으로 들어왔다. 선우는 짙어진 밤에 어머니와 단둘이 있는 것이 어색했다. 다시 주변 빌라들의 시선이 느껴졌다. 샤워기에서 쏟아지는 물줄기 소리가 누군가의 귀에 들릴 것이 분명했다.

"나 목욕탕 가서 씻고 올게."
"그래. 갔다 와."
"엄마도 편하게 씻어. 이불 깔아 놨으니깐 먼저 자고 있어."
"배는 안 고프니?"
"괜찮아."

선우는 속옷과 옷가지를 챙겨 지하 주차장으로 내려갔다. 그곳에는 몇 년 전 철원에서 사역을 시작할 무렵 만학도로 입학한 장로님께 받은 승용차가 있었다. 오래전 일이지만 사역을 그만두고도 차에 대해 아무 말씀도 하지 않았다. 당시에도 10만 km 넘었지만, 지금까지 잔 고장 없이 잘 굴러간다.

시동을 켜고 음악을 틀었다. 차에 있을 때면 선우는 마음이 편안해진다. 누군가의 시선도 느껴지지 않는다. 자유로운 공간이다. 차를 몰고 주차장을 빠져나와 10분 내외에 있는 동네 목욕탕으로 향했다. 입장료를 내고 안으로 들어갔다. 늦은 시간 때라 그런지 다른 손님은 없었다. 매점에 앉아 있는 배가 불룩하게 나온 사람은 입장권을 보더니 열쇠를 주었다.

74번 라커룸 앞에서 옷을 벗었다. 몸에 묻은 물기 때문에 쉽게 벗겨지지 않았다. 옷을 늘어뜨리며 진득한 죄를 떼어내듯이 힘껏 벗었다. 알몸이 된 선우는 죄 없던 시절 아담이 된 것 같았다. 거울에 비친 몸에 찝찝한 물기가 땀과 함께 붙어 있었다. 죄는 마치 인간의 몸에서 절대 떨어지지 않을 것처럼 보였다. 땀은 언제나 계절을 타지 않고 흘렀다. 깨어 있을 때나, 잠들어 있을 때나 땀은 흘렀다. 제때 씻지 않으면 쾌쾌한 냄새는 발 달린 죄처럼 주변으로 퍼졌다.

신의 종들은 한 주간 흘린 땀을 씻어 내기 위해 교회에 갔다. 주변에 냄새를 풍기지 않기 위해 옷을 정갈하게 입었다. 설교를 듣고 헌금을 했다. 죄는 씻긴 걸까? 땀은 언제고 멈추지 않았다. 예배하는 순간에도 땀은 흘렀다. 죄는 씻긴 걸까? 최소한 예배드리는 순간엔 누구와도 말을 섞지 않았다. 신과의 소통은 경건한 시간이다. 아무 말 없이 신의 말을 듣는 종들의 죄는 씻긴 걸까? 피부 밑에 숨죽이고 있는 죄는 씻긴 걸까?

선우의 몸은 땀에 젖어 있다. 발밑에는 물과 땀으로 젖어 있는 옷가지가 널브러져 있다. 성기를 드러낸 아담처럼 경건한 마음으로 욕탕에 들어갔다. 순수했던 아담은 땀을 흘렸을까? 에덴에는 속이 비치는 물가가 있었을 것이다. 그곳에서 한낮에 뜨거웠던 땀을 씻었을 것이다. 신이 만든 자연은 땀을 품었을 것이다.

욕탕 끝에 있는 차가운 물로 향했다. 바가지에 물을 가득 담아 머리에 뿌렸다. 물줄기는 발끝까지 땀을 쓸어냈다. 한 번 더 물을 뿌렸다. 한 번 더 물을 담아 머리부터 발끝까지 뿌렸다. 그리고 계단을 밟고 올라가 차가운 욕탕에 몸을 담갔다. 머리까지 담갔다. 물속은 평화롭고 고요했다. 땀은 그곳에 없었다.

여자의 뱃속에 있는 아기는 땀을 흘렸을까? 여자도 땀이 있었으니, 아기도 땀을 흘렸을 것이다. 그러나 여자의 수태는 아기의 땀을 씻겼다. 아기는 땀을 흘리지 않았다. 한동안 물속에서 나오지 않던 선우는 태중의 아기처럼 땀을 흘리지 않았다. 육체의 무게는 물속에 없었다. 영혼의 무게만 둥둥 떠다녔다. 죽음은 그곳에서 숨 쉬고 있었다. 무거운 짐을 벗어 던진 죽음은 그제야 숨을 쉬었다. 영혼은 땀을 닦을 필요 없었다. 평온은 곧 죽음. 그곳은 평안이었다. 선우는 한동안 육체와 분리된 평온한 죽음을 맛보았다. 이내 숨이 턱을 차고 기포가 뿜어져 나왔다. 육체는 영혼을 애타게 기다리고 있었다. 숨을 내쉬며 물속을 나왔다. 주변으로 물이 튀기며 바닥으로 흘러내렸다. 몸에서 물줄기를 만들었다. 진득한 땀은 피부밑으로 사라졌다.

몸에 비누를 묻혔다. 그리고 거품을 하수구에 흘려보냈다. 매끈해진 피부에 땀은 없었다. 욕탕을 나와 물기를 닦았다. 물기가 사라진 땀구멍에서 다시 땀이 솟기 시작했다. 새 옷으로 갈아입고 땀에 절어진 옷가지를 챙겨 목욕탕을 나왔다. 시동을 걸고 차창 문을 열었다. 거리는 조용했다. 창문으로 시원한 바람이 얼굴에 와 부딪쳤다. 한낮에 뜨거웠던 대지는 살려 달라 울부짖지 않았다. 평온을 찾은 듯 안심하고 밤을 즐겼다. 10분도 채 걸리지 않아 빌라 주차장으로 돌아왔다. 4층까지 계단을 오르는 동안 숨어 있던 땀은 망설임 없이 흘렀다. 어머니는 현관문 여는 소리에 눈을 떴다. 불도 켜지 않은 채 선우는 식탁 의자에 앉았다.

"아들 왔어? 금방 왔네."
"어. 샤워만 하고 왔어. 안 자고 있었어?"
"잤어. 문 여는 소리에 깼어."
"먼저 자. 거실에 좀 있을게."
"냉장고에 참외 있어. 깎아 먹어."
"나도 알고 있어. 내가 알아서 깎아 먹을게."

은은한 달빛이 거실을 비췄다. 그리고 냉장고에서 방금 꺼낸 참외는 차가운 시체처럼 접시 위에 올려져 있다. 칼을 들고 참외를 깎았다. 언제부터 과일을 깎았는지 모른다. 어느 날 선우는 과일을 깎기 시작했다. 더 얇게 깎아내기 위해 조심히 참외의 겉살을 도려냈다. 참외의 하얀 속살이 보였다. 참외는 한때 줄기에 붙어 있었다. 뙤약볕에서 땀을 흘리며 땅으로부터 양분을 먹고 있었다. 결국 땅에서 분리된 참외의 살갗은 벗겨졌다. 그리고 씨를 발라낸 살들이 선우의 입으로 들어갔다. 참외의 죽음은 지금일까? 땅으로부터 분리된 직후일까?

신의 형상으로 만들어진 인간도 죽음 앞에서 살은 사라진다. 흙은 살갗을 도려내며 먹는다. 인간의 최후는 뼈만 남은 채 사라진다. 육체의 무게를 감당했던 영혼은 평안을 찾는다. 탄생의 고통과 고난의 삶을 살아낸 인간은 죽음과 맞닿는다. 영원한 평온과 안식이다. 참외는 선우에 의해 평안을 찾았다. 입속에서 사라진 참외는 영원한 안식에 들어갔다.

신도 언젠가 인간의 육체를 씹어 삼킬 것이고 인간은 평안을 찾을 것이다. 인간의 땀을 대신 먹고 고통스러워할 것이다. 우리에게 영원한 안식과 평안을 주기 위해 인간의 몸을 삼킨 신은 육체를 십자가에 못 박아 버렸다. 그러나 선우는 신에게 먹히지 않기 위해 매일 땀을 닦으며 죽어가고 있었다. 신의 칼질이 아닌 스스로 죽음을 택한 예수처럼 식탁에 놓인 줄넘기에 목을 맬 것이다.

"아들. 다 먹었으면 이제 자."
"……."

귀뚜라미가 쉼 없이 울어댔다. 시간이 멈춘 듯 밤중의 거리는 고요했다. 사람의 소리는 들리지 않았다. 선우의 손은 줄넘기로 뻗어 가고 있었다. 조금 더 가까이 손을 뻗었다. 줄넘기는 그 자리에 있었다. 예수가 그랬던 것처럼 줄넘기에 손을 뻗고 있었다. 손끝에 줄넘기가 닿을 때쯤 바쁘게 걷고 있던 발소리가 들렸다. 그리고 소리가 멈춘 곳에서 속삭이듯 선우에게 말했다.

'평안을 찾아. 너를 구원해. 이제 평안을 찾아.'
"아들!! 지금은 아냐!"

고개를 돌려 어머니를 봤다. 몸을 뒤척이며 다리를 툭툭 치고 있었다. 바람이 창문을 향해 불어왔다. 커튼이 휘날리며 풀냄새가 났다. 벌레 우는 소리가 들렸다. 서서히 빌라들도 잠들기 시작한 듯, 하나둘 불이 꺼졌다. 그리고 방 안에 들어온 달빛이 구름에 가려지며 거실은 어두워졌다.
선우는 뒤에서 땀을 흘리고 있는 은혜가 보였다. 그녀는 그곳에 가만히 서 있었다. 남아 있어야 하는 이유가 신이 잡는 것이라면 그녀를 데리고 떠날 수 없었다. 길고 가느다란 손가락, 흰 피부, 붉은 입술은 신에게도 탐이 났을 것이다. 그녀는 지금 어디에 있을까? 가랑이 사이에 손을 넣고 은혜의 하얀 피부를 보듬었다. 어둑해진 빌라들 사이로 몇몇 불빛이 보이지만 선우의 거실은 불이 꺼져 있었다.

12

눈은 모두 녹아 있었다. 그리고 봄을 알리듯 따듯한 바람이 불어왔다. 매번 도서관을 나오는 밤이 되면 은혜의 살갗은 더욱 희게 보였다. 작은 손과 분홍빛 입술이 선우의 눈에 들어왔다. 그녀는 옅은 미소를 지었다. 둘밖에 없는 에덴에서 남자와 여자는 사랑에 빠지기 좋았다. 아담의 손이 하와의 살에 닿았을 때 사랑을 느꼈을까? 어떤 기분이 들었을까? 모멸감을 느꼈을까? 봄바람은 그녀의 머리카락을 헤집으며 향기를 냈다. 손등에는 부드러운 솜털이 보송보송 자라 있었다. 그리고 오묘한 달빛은 선우의 심장을 두드렸다. 그녀의 손은 따듯했다. 깍지 낀 손가락에서 금세 열이 올라왔다. 이른 봄은 여전히 손바닥으로 삐져나온 땀을 식히기에 충분했다.

"배 안 고파?"
"조금 고파요."
"떡볶이 먹고 갈까?"
"좋아요."

평온한 밤이었다. 자주 가는 노점에서 깍지를 낀 채 떡볶이를 먹었다. 떡볶이의 매운맛이 깍지 사이로 땀을 맺게 했다. 그녀는 깍지를 풀지 않았다. 선우는 손을 더욱 세게 잡았다. 그녀의 볼이 붉어졌다. 두 손에서 땀이 솟구쳤다. 은혜는 선우의 맺힌 땀을 닦아 주었고 선우는 그녀의 맺힌 땀을 닦아 주었다. 노점은 사라지고 사람들은 자취를 감췄다. 에덴에 있는 아담과 하와처럼 둘만이 거리에 남았다.

짜디짠 땀을 서로 닦으며 사랑을 확인했다. 선우는 그녀의 목선으로 흐르는 땀을 닦았다. 구석구석 도사리는 죄의 늪에서 언제나 사랑할 것처럼 땀을 닦았다. 땀을 닦아 줄 수 있는 사람은 사랑하는 사람만이 할 수 있다. 신은 선우의 죄를 씻어 내기 위해 은혜를 보냈다. 선우 또한 신에 대한 감사로 은혜의 땀을 닦았다. 하얀 속살을 드러낸 은혜의 몸을 선우는 두 팔로 감싸 안았다. 서로의 몸을 쓰다듬으며 양털처럼 부드러운 다리 사이에 손끝을 올려놓았다. 하얀 피부와 입술이 더욱 붉어졌다. 가랑이 사이에 넣은 손에서 땀이 흘렀다. 그때, 침 마른 어머니의 목소리가 들렸다.

"아들. 뭐 하니? 안 자니?"

선우는 가랑이 사이에 넣은 손을 살며시 꺼내며 말했다.

"잘 거야. 깼어?"
"다리가 왜 이리 저리니."
"약 먹었어?"
"먹었는데도 저리네."
"계속 자고 있었어?"
"잤지. 다리 아파서 깼어."
"엄마?"
"왜?"
"은혜는 결혼했겠지?"
"모르지. 왜?"

13

선우는 이듬해 3월 신학교에 입학했다. 더 이상 은혜와 깍지 낀 채 밤공기를 마실 이유가 없어졌다. 일요일이 돼서야 볼 수 있었지만, 학기가 시작하면서 그리움은 조금씩 수그러들었다. 대학에 입학한 그녀도 아르바이트와 공부를 병행하느라 바쁘게 지냈다. 서로 연락하는 횟수는 점차 줄어들었고 시간이 지날수록 어색한 인사만 했다. 연인 사이가 아니었던 은혜와 멀어질수록 교회와도 멀어졌다.

첫 수업을 시작한 선우는 또다시 이방인이 된 듯 기쁨으로 들떠 있는 그들과 좀처럼 어울리지 못했다. 성경의 공통 관심사를 가진 이들이 모였지만, 신에게 접근하는 방식이 달랐을 것이다. 그들은 믿음을 확신했고 심오한 죽음을 계산하지 않았다. 지식 이전에 찬양과 기도를 즐거워했다. 반면 선우는 이곳에서도 증거를 찾기 위한 노력을 멈추지 않았다. 월요일부터 금요일까지 의무적으로 드리는 채플을 제외하고 신을 대면하기 위한 노력은 헬라어와 서양철학을 통해 이뤄졌다. 그들의 즐거움과 기쁨으로는 믿음을 증명하거나 숭고한 죽음에 이르지 못할 것 같았다.

고대 그리스어는 성경의 다른 의미를 심어 주었다. 자의적 해석이 공공의 합의를 무너뜨릴 수 있다는 것은, 원서의 가치가 높다는 것을 반증했다. 마치 현미경으로 성경을 보는 듯했다. 무엇보다 서양철학의 주인공들은 예수와 다르지 않아 보였다. 신을 철학에 모셔 온 예수는 죽음으로 신이 됐다. 궤변을 한마디로 정리한 철학자 또한 죽음으로 철학의 아버지가 되었다. 어쩌면 철학의 완성은 죽음이었는지도 몰랐다. 예수의 정변은 사랑을 완성하기 위한 죽음이었고 선우의 정변은 믿음을 증명하기 위한 죽음이었을 것이다. 예배는 그저 형식이 됐다.

한편으로 홉스의 '만인에 대한 만인의 투쟁'은 선우에게 신의 울타리를 넘어 다른 세계를 보여 줬다. 신은 자신의 그릇 안에 인간을 담을 수 있는 것처럼 말했지만, 아담은 하와가 준 선악과를 먹었다. 그리고 투쟁하지 않고는 살아갈 수 없는 세계가 열렸다. 그럼에도 인간은 신의 품 안에 살길 원했다. 교회는 투쟁의 피를 대신 흘린 예수가 있는 곳이 됐다. 투쟁이 없던 선악과를 먹기 전의 세계는 에덴뿐이었다. 이제 교회는 투쟁하지 않을까? 에덴을 재현한 투쟁 없는 교회는 신을 믿는 인간이 대가 없이 은혜를 받을 수 있는 유일한 곳이다. 그래서 모두가 신을 믿지 못할 뿐만 아니라 믿을 수 없었다. 투쟁 없이 누구에게나 믿음은 주어질 수 없었다. 교회는 투쟁하지 않을까? 여전히 투쟁으로 얻어진 힘은 인간 스스로 신이 될 수 있는 유일한 길이 되기도 했다. 투쟁을 포기하지 않는 이들은 신을 믿지 않았다.

가나안 땅을 피로 물들인 이스라엘은 유일신을 믿지 않는다는 이유로 짓밟았다. 투쟁으로 토착민들은 이방인에 의해 죽임과 지배를 당했다. 여호수아는 신의 뜻을 이행함으로 유일신을 더욱 높이 세웠다. 그는 신이 될 수 없었을까? 고난 때마다 나타난 이스라엘의 영웅들은 왜 신이 되지 않았을까? 그러나 예수는 신이 되었다. 유일신과 동일시하며 신성한 죽음을 맞았다. 투쟁은 멈추고 울타리가 만들어졌다. 하지만 울타리 너머 이방인의 세계가 있다는 것은 선우가 올려다본 선악과를 따고 싶게 했다.

예수가 이 땅에 온 이유가 투쟁을 멈추기 위해서라면 홉스는 예수를 찬양해야 할 것이다. 신은 인간을 투쟁으로 몰았다. 그리고 힘은 언제나 신들을 만들고 없앴다. 그러므로 투쟁 없는 교회는 사라지지 않을 것이고 울타리를 넘는 인간만 있을 뿐이다.

선우는 맹목적 신앙의 울타리에서 벗어나려는 염소처럼 담을 넘을 듯 보였지만 반대로 울타리 안으로 넘어온 사람도 있었다. 4살 많은 병선 형은 신학교에 입학해서 처음 말을 걸었던 사람이었다. 그는 선우의 생각을 곡한 시선으로 이해하지 않았다. 세계를 넘어온 만큼 다른 세계도 이해하고 있었다. 투쟁 없는 세계를 어떤 이유로 동경했는지 선우는 알지 못했다. 그들은 캠퍼스 구석진 어느 벤치에서 종종 대화를 나눴다. 큰 나무는 울창한 그늘을 만들었고 바람도 제법 시원하게 불었기 때문에 여름 곁에 오는 뜨거운 태양을 피하기 좋았다. 계절의 풍파에 페인트가 군데군데 벗겨진 낡은 벤치에 앉아 선우는 병선에게 말했다.

"형은 신을 믿는다는 것을 어떻게 증명할 수 있어?"
"글쎄. 굳이 증명해야 할까? 그냥 믿는 거지. 지금 당장 어떤 증거를 보여 줄 수 있어? 증명은 하나님이 하는 거지."
"신을 믿는다는 사람 중에 신을 믿는다고 말할 뿐, 실제로 믿지 않는 사람도 있잖아."
"그렇겠지. 믿음을 투쟁 없이 얻고자 하는 도구로 생각하는 사람도 있겠지. 그런데 그조차 우리가 판단할 수 없어. 언제 믿음이 생겨서 바뀌게 될지도 모르니깐."
"신을 믿는 사람은 믿지 않는 사람보다 신의 축복을 더 많이 받아야 하는 것 아냐? 믿지 않는 자가 축복을 받으면 신을 믿지 않으면서 믿는다고 착각할 수 있잖아! 반대로 신을 믿는 자가 은혜가 적다면 신을 믿으면서 믿지 않는다고 착각할 수 있어."
"믿음은 착각할 수도 있다고 생각해. 만약 욥처럼 믿음을 가졌던 사람도 고통을 당하면 믿음을 의심할 수 있겠지. 물론 고통 없이 하나님의 은혜로 살아가던 사람도 믿음을 장담할 수 없을 거야."
"역시! 죽기 전까지는 알 수 없는 거네."
"그래서 불신의 경계선을 넘어가지 않기 위해서 예배와 기도는 쉬지 말아야 해. 어쨌든 우리가 신의 영역까지 알 수 없으니깐. 어쩌면 믿음은 처음부터 신의 선택에 결정되었는지도 몰라. 만약 천국이 실재한다면 사람들이 하나님을 믿지 않을 이유가 없잖아."
"천국과 지옥에 갈 사람들이 정해져 있다면 굳이 이 땅에 우리를 왜 만들었을까? 그냥 고통을 끝내 버리고 천국에 갈 사람만 데리고 가면 되는 것 아냐? 아담이 죄를 짓지 않았다면 우리는 에덴에서 고통 없이 살았을 거야. 이제 와 다시 올 예수를 기다리는 건 무모한 일이야. 삶이 고통스러운 사람은 빨리 고통을 끝내려 할 거야. 고통은 예수가 다시 오기 전에 더 많은 죄를 짓게 할지 몰라."

"선우야. 사람의 삶은 누구나 고통스러워. 그래서 예수님은 우리에게 항상 기뻐하라고 말씀하셨어. 기쁨은 누구에게나 열려 있으니깐, 기뻐하지 못하는 스스로가 하나님을 믿지 못하는 것과 같아. 고통 가운데 살아가지만 그럼에도 기뻐하는 거야. 우리는 믿음을 증명할 수 없어. 그냥 하루하루 기쁨으로 살아가는 거야. 언젠가 고통은 지나갈 것이고 다시 오실 예수님을 맞이할 거야. 우리에게 생명을 주신 하나님께 감사하며 기쁨으로 살아가는 것이 한편으로 믿음의 증거가 아닐까?"

선우는 맹목적 기쁨의 강요에서 벗어나 감사할 줄 아는 삶의 근원을 신으로부터 느끼는 것을 예수가 말한 기쁨이라 생각했다. 은혜를 만났을 때, 또래 친구들과 저녁 식사할 때 기쁨을 느꼈다. 죽음을 감당한 예수의 영역을 침범하지 않은 채 신이 준 은혜에 기쁨을 느끼며 살아가는 것은 믿음의 증거가 될 수 있었다. 숭고한 죽음을 빌미로 신을 쫓아온 선우는 내심 신의 아들이 되고 싶었지만, 예수를 흉내 낼만큼 억압의 시대를 살고 있지 않았다. 이미 십자가에서 흘린 피의 대가로 죄인에서 벗어난 인간은 믿음으로 기쁨의 삶을 살아가면 됐다. 하지만 강요의 기쁨은 믿음이 될 수 없었다.

'골고다를 오르는 예수는 기뻐했을까? 자신의 짐을 예수에게 떠넘기고 투쟁의 터에서 제외되는 것을 믿음의 대가로 보는 것은 탐욕이 아닐까? 손과 발에 못이 박히는 순간에도 예수는 기뻐했을까?'

선우는 희생으로 받은 기쁨의 대가로 예수가 신이 되었다고 생각했다.

"물론 항상 기뻐해야 하는 것이 맞지. 그런데 십자가에서 예수님도 기뻐했을까? 예수 흉내라도 내야 하는 게 목회자라면 기뻐해야 하는 게 맞겠지?"

"진짜 목회자가 되면 알겠지. 어떻게 될지 모르잖아."

"어떻게 될지 모르다니?"

"예수님을 닮아 가는 건 쉬운 일이 아니야. 도중에 그만둘 수 있다는 말이지."

"그만두지 않는다면? 예수처럼 될 수 있어? 만약 십자가에서 죽음을 맞이할 기회가 주어진다면 어떻게 할 거야?"

"그런 상황이 오면 순교하겠지. 하나님의 뜻이라면 그렇게 할 거야."

"하나님의 뜻? 어떻게 알고?"

"죽어야 하는 상황이 오면 알겠지. 한 사람의 믿음이 여러 사람에게 복음을 심어 줄 수만 있다면 그렇게 해야지."

"만약 그렇게 된다면 예수처럼 신이 될 수 있어?"

"왜?"

"여러 사람을 위해 희생했잖아. 예수가 그랬던 것처럼 신의 아들이 될 수 있잖아. 신이 되고 싶은 사람은 기회가 주어진다면 죽음 앞에서 투쟁을 벌일지 몰라."

"선우야. 어떻게 인간이 신이 될 수 있어?"

"물론, 인간은 신이 될 수 없지. 그럼에도 예수는 신이 됐잖아. 그도 우리처럼 붉은 피를 흘렸어. 신의 아들이기 때문이 아니라 스스로 죽음을 택했기 때문에 신의 아들이 된 거야."

"그래서 예수님처럼 십자가에 죽기라도 하겠다고? 신의 아들이 되기 위해서?"

"방금 형도 그런 상황이 오면 죽겠다고 했잖아."

"순교는 스스로 신이 될 목적으로 하는 게 아니야! 믿음을 증명하는 길이지!"

"순교자의 죽음을 누군가는 숭고하게 생각할 거야. 신성화될 수 있어."

"생살에 못이 박히는 고통이 얼마나 아픈 줄 알아? 죽음의 순간을 스스로 받아들일 수 있을까? 고통보다 죽음이 더 나을지도 모르지. 그때 가서 예수님을 부인할 수도 있어."

"죽음의 이유가 예수 때문이 아니라면 예수를 부인할 이유가 있어? 신이 되기 위해 죽는 거지. 순교의 순간이 오면 기꺼이 죽을 수 있어!"

"그 죽음으로 신성화될 수 있다고 생각해?"

"그렇게 되지 않을까?"

"절대 그런 일은 일어나지 않을 거야. 만약 그렇게 된다면 넌 죄가 없어야 해. 그리고 원수까지 사랑한 후에 죽어야 해. 그런데 이미 죄를 갖고 태어났잖아. 원수를 사랑할 수 있어? 그를 위해 죽을 수 있어? 사랑 없는 죽음을 누가 사랑할 수 있어? 죽음의 목적이 순수하지 않잖아. 하나님도 너의 죽음이 믿음 때문이라 하지 않으실 거야. 예수님의 죽음은 처음부터 하나님의 아들이기 때문에 가능했던 일이야. 우리는 이미 그 일을 마친 예수님을 믿으면 돼. 그리고 기뻐하는 것이, 믿음이야."

"그래서 형은 기뻐? 예수와 기쁨을 함께 하고 있어? 기쁨을 자신에게 강요하지는 않아?"

병선은 말을 멈추고 잠시 생각에 잠긴 듯 벤치에서 등을 떼고 몸을 앞으로 기울였다. 양손을 턱에 기대고 수염을 만지며 조심스레 입을 뗐다.

"사실 기쁘진 않지. 기쁜 일도 없고. 단지, 기뻐하려고 노력할 뿐이지."

"기뻐하는 것이 믿음이라면 믿음을 노력으로 얻을 수 있는 거야? 하나님께서 믿는 자를 예정하셨다면 기뻐하는 자가 믿는 자 아니야?"

"네 말이 맞아. 기뻐하는 건 쉽지 않아. 믿음도 마찬가지고. 시간이 지날수록 기뻐하는 건 어려워. 짐이 된 삶을 내려놓을 수 없어."

"왜?"

"앞날이 불투명하니깐. 내려놓을 수 없지. 아마도 내가 이곳에 온 이유일지도 모르지. 어린아이를 봐. 애들은 항상 기뻐. 나도 그랬고 너도 그랬을 거야. 근데 점점 기쁨을 잃어 가. 그나마 이곳은 하나님이 있는 곳이야. 최소한 기쁨을 빼앗기진 않을 거야. 그래서 어린아이처럼 기뻐하려고 노력하고 있어."

"그럼, 믿음도 마찬가지 아냐? 믿기 위해 노력하는 거잖아."

"그럴지도 모르지. 의심 많은 나이잖아. 그래서 넌 기뻐?"

"기뻤던 적도 있었지. 물론 지금은 기쁨보다는 믿음을 증명하는 쪽을 택했어."

"음. 어쩌면 이곳도 투쟁하지 않고는 기쁨을 얻을 수 없을 것 같아."

기쁨은 어디서 오는 걸까? 단지, 슬픔을 느낄 만한 일이 없었기 때문에 기뻤는지 모른다. 선우는 신이 우리에게 기뻐하라고 했지만, 정작 고통만 주고 떠났다고 생각했다. 기쁨은 고통이 따랐다. 한 조각 과자를 입에 넣기 위해 땀을 흘려야 했다. 고통을 감내하지 않고 얻을 수 있는 것은 없었다. 그저 숨만 쉬어도 기쁨을 찾을 수 있다면 신의 선물을 온전히 받은 믿음의 증거가 될 것이다. 단지, 과자를 찾아 울타리를 넘어 다니는 이가 있을 뿐 고통 없이 기쁨을 얻을 수 있는 곳은 신의 울타리밖에 없을지도 모른다. 기쁨은 어디서 찾을 수 있을까?

오후 수업을 위해 낡은 벤치를 떠나 각자 강의실로 들어갔다. 수업 내

내 선우의 머릿속은 기쁨의 출처를 찾아다녔다. 더 깊은 곳, 구석진 좁은 골목쯤에 들었을 때쯤 수업은 끝이 났다. 골목에서 강의실로 돌아온 선우는 곧장 기숙사로 갔다. 방문을 열고 침대에 그대로 몸을 묻었다. 명치가 조금씩 조여 왔다. 몸을 웅크리고 이불을 뒤집어썼다. 기쁨을 찾아 다시 골목으로 들어섰다. 희미하게 누군가 보였다. 왜소한 사람은 선우를 보고 있었다. 선우는 그가 기쁨의 근원이라 생각하고 더 가까이 다가갔다. 하지만 그는 선우가 다가간 만큼 멀어졌다. 기쁨은 손에 닿을 수 없는 것처럼 느껴졌다. 더 이상 그를 쫓지 않았다. 그곳에서 조여 오는 명치를 잡고 쓰러졌다. 고통스러웠다. 절망감이 느껴졌다. 그러나 여전히 그 사람은 손만 뻗으면 닿을 것처럼 선우 곁에 있었다. 서서히 몸에 힘이 풀리고 눈이 감겼다.

오전 5시 30분 스피커를 통해 복음성가가 흘러나왔다. 눈을 떴다. 그대로 잠에 든 선우는 어느 때보다 몸이 가벼웠다. 조여 오던 명치의 고통도 사라졌다. 골목 어귀에 서 있던 사람도 보이지 않았다. 익숙한 듯 새벽 예배를 드리기 위해 지하실로 향했다. 병선은 계단을 내려가는 선우의 어깨를 치며 말했다.

"어제 어떻게 된 거야?"
"왜?"
"저녁 먹으려고 네 방에 갔는데 계속 자고 있었어."
"골목을 헤매고 있었는데 잠에 들었나 봐."
"골목?"
"어, 골목. 좁은 골목에 누군가 있었어. 그가 기쁨의 처음처럼 느껴져서 계속 다가갔는데 닿지 않았어."
"그 골목이 어딘데?"

"몰라. 그냥 꿈을 꾼 것 같아. 어제 잠을 잘 자서 그런지 몸이 가벼워. 기분도 좋고."

"예배 마치면 아침이나 먹자."

"알았어."

기숙사는 길게 뻗은 복도를 중심으로 20개의 방이 양옆으로 있었다. 각 방은 4인 1실로 2층 침대가 놓였고 복도 중앙에 소파와 TV, 냉장고가 있어서 밥을 먹거나 쉬는 장소로 쓰였다. 월요일부터 금요일까지 오전 6시가 되면 지하 1층 강의실에서 새벽예배를 드렸다. 예배가 끝나면 불이 꺼진 강의실은 조용한 복음성가가 흘러나왔다. 누가 남아서 기도하는지 알 수 없었지만 몇몇은 잠잠히 기도했다.

그날은 선우도 캄캄한 예배실에 있었다. 어디선가 알아들을 수 없는 목소리가 들렸다. 낯이 익었다. 철야예배 때도 같은 소리가 들렸었다. 소리의 방향을 찾아 고개를 들었지만 가늠할 수 없었다. 이내 울음 섞인 기도 소리가 지하 예배실을 채우기 시작했다. 선우는 그대로 고개를 숙이고 눈을 감았다. 잠에서 깨지 않은 듯 다시 기쁨을 찾아 골목 안으로 서서히 들어갔다. 어제 그 골목에 다다랐을 때 그는 그곳에 없었다. 그리고 쓰러져 있는 자신이 보였다. 마치 죽어 있는 듯 미동하지 않았다. 좀 더 가까이 갔다. 선우는 죽어 있는 선우를 봤다. 숭고하지 않았다. 고통이 끝나지 않은 것처럼 웅크려 있었다. 슬픔이 느껴졌다. 눈물이 고였다. 죽음을 알고 있는 사람은 그와 선우 외에는 없었다. 왜 고통스럽게 죽었을까? 기쁨을 찾아 들어선 골목에서 선우는 죽어 있었다. 무릎 주변으로 눈물이 한없이 떨어졌다. 뒷걸음을 치며 골목을 나왔다.

곧이어 사감이 들어와 복음성가를 줄이고 형광등을 켰다. 그곳에는 선우만 자리에 앉아 있었다. 그는 흘깃 보더니 계단으로 올라갔다. 선우는 눈물을 닦고 의자에서 일어났다. 기숙사 현관문을 여니 병선은 복도 중앙 소파에 앉아 아침 식사를 준비하고 있었다.

"늦게 올라왔네. 밥 데워 놨어. 와서 먹어."

선우는 힘없이 소파에 앉았다. 생명을 이어 가기 위해 숟가락을 들었다. 죽어 있는 사람은 먹을 수 없었다. 죽음은 싸늘하고 슬픈 것이었다. 두 차례의 죽음은 더 이상 숭고할 수 없었다. 결국 예수에게도 죽음은 신성 모독죄로 처형당한 죄인에 불과했을 것이다. 아름다운 죽음은 없었다. 죽음을 숭고하게 만드는 사람들만 있을 뿐이다. '예수는 자신이 신이 될 줄 알았을까?' 죽은 자는 무엇도 느낄 수 없다. 인간은 매일 죽음 앞으로 다가갈 뿐 기쁨으로 전진할 수 없었다. '예수는 기뻤을까? 십자가에서 기쁨을 찾았을까?' 선우는 생각했다.

14

참외 껍질과 칼이 빈 접시에 놓여 있다. 고요하고 적막한 방 안에는 잠든 어머니의 거친 숨소리만 들렸다. 선우는 의자에 등을 기댄 채 창문을 응시했다. 달빛은 구름을 걷어내고 조명처럼 커튼에 기대 있었다. 한두 개 빌라를 제외하고 모든 불은 꺼졌다. 작은 움직임에도 어둠을 깨우기 충분한 밤이다. 어디선가 담뱃불 붙이는 소리가 들렸다. 연초를 깊게 들여 마셨다 뱉으며 발로 바닥을 끌었다. 연기는 공중을 날아 방충망 틈새로 들어왔다. 식탁에 닿은 연기는 밤공기와 섞여 오묘한 향을 냈다. 그리고 다듬어진 기억이 떠올랐다.

일요일 새벽이 걷힐 때쯤 설교는 마무리 지어졌다. 선우는 사택 문을 열고 잠들어 있는 거리로 나갔다. 북쪽으로 뻗은 산책로를 따라가다 보면 가로등 없는 벤치가 덩그러니 놓여 있었다. 아무도 없는 그곳은 담배 피우기 좋은 장소였다. 오른쪽 주머니에서 담뱃갑을 꺼내 한 개비를 입에 물고 불을 붙였다. 연기가 달빛에 반사되어 공중으로 날아갔다.

신의 말을 쉽게 풀이하는 과정은 선우를 새벽까지 잠들지 못하게 했다. 설교는 항상 기쁨과 소망이 돼야 했다. 그리고 사랑이 있어야 했다. 하지만 인간에게 아무것도 없다는 것을 알게 된 날부터 설교를 준비하는 시간은 고통스럽기만 했다. 설교는 영혼의 허기를 채우지 못했다. 배고픔으로 메마른 눈들은 두려움을 몰고 왔다. 다만 아침이 오기 전 담배 연기가 하늘로 올라가는 것을 보고 평안을 느꼈다. 사택으로 돌아와 냄새를 없애기 위해 몸을 닦는 것은, 죄를 닦아내는 것만 같았다.

15

2학년이 끝나갈 무렵 선우는 철원에서 사역을 시작했다. 지하철을 타고 동두천역에서 백마고지역으로 가는 기차를 갈아탔다. 그리고 20분 정도 버스를 타고 동송읍에 내렸다. 그곳은 3.8선 끝자락이었다. 군인들은 오른쪽 골반에 총을 올려놓고 경계근무를 섰다. 논밭이 즐비한 지방 도로는 황무지와 같았다. 한두 달이 지나 운이 좋게도 뒤늦게 신학을 시작한 동기 장로님께서 차를 빌려주셨다. 4시간이 조금 걸리지 않은 거리는 학교에서 2시간 정도면 도착할 수 있었다. 낯선 도시들의 불빛을 지나면 때가 낀 가로등이 힘겹게 비추는 길이 나왔다.

금요일 저녁에 도착한 교회는 조용하고 캄캄했다. 두 채의 사택 중 한

칸짜리 방이 있는 곳에 김 전도사님이 머물렀고 선우는 두 칸 방이 있는 사택을 썼다. 혼자 머무르기에는 책상과 옷걸이가 전부였지만, 넓은 방 안은 기숙사보다 따뜻했다. 구김 없이 정장을 걸어 놓고 노트북을 책상에 올려놓았다. 시계를 보니 시침은 8시를 가리키고 있었다. 곧장 사택을 나와 옆집으로 갔다. 김 전도사님과 말을 트기까지 꽤 시간이 걸렸지만, 그는 먼저 자신의 사택으로 선우를 초대했다. 이곳에서 2년 정도 사역한 그의 방은 혼자 거주하기에 훨씬 아늑했다. 주방 분리형 구조에 소파와 조명, 침대, 작은 식탁까지 적절하게 방을 차지하고 있었다. 그에 비해 선우의 공간은 많은 부분이 불필요해 보였다.

현관문을 열고 들어갔을 때 한쪽에 라이터가 수북이 쌓여 있었다. 그는 양초에 불을 붙이기 위해서라고 했다. 마른 체격에 처진 눈꼬리와 쌍꺼풀 없는 눈은 가끔 매섭게 노려보는 듯했지만, 겉모습과는 달리 정중하고 겸손했다. 학사 졸업을 앞두고 대학원 입학을 준비하고 있던 정선은 요리도 곧잘 했다. 좌식 식탁에는 밑반찬과 수저가 놓여 있었다. 그리고 주방에서 방금 지은 따뜻한 밥을 그릇에 담으며 선우에게 말했다.

"밥이 잘됐네요. 여긴 쌀이 유명해요."

식탁에 앉아 있던 선우는 주방을 향해 말했다.

"그런 것 같아요. 논이 많더라고요."
"여긴 쌀농사가 잘돼요. 예전에 철원평야를 차지하지 못한 김일성이 땅을 치며 분개했다는 얘기가 있어요. 그만큼 비옥한 땅이죠. 그리고 쌀은 교회에서 줄 거예요."
"네. 그런데 밥 지을 밥솥이 없어요."

"예?"

"밥솥이 없어요."

"그건 걱정하지 마세요. 곧 생길 거예요. 저도 처음 왔을 때, 아무것도 없었어요. 전도사님 방에 있는 책상도 이 방에 있었던 거예요. 작년에 그쪽으로 옮겨 놓았어요. 소파, 식탁, 세탁기 식기류 전부 교회에서 줬어요."

"네. 아늑하고 좋아 보여요."

"그런가요?"

정선은 밥그릇을 들고 식탁에 내려놓았다. 그의 눈빛은 죽음과는 거리가 멀어 보였다. 꼿꼿이 편 허리와 어깨는 삶의 의지로 가득 차 있었다. 길 잃은 가여운 양에게 목적을 알게 할지도 모를 복음은 살고자 하는 이의 열의에 따라 다르게 전달될 것 같았다. 성경은 누군가에게 생명을 살아내게 할 것이다. 은혜가 말했듯이 사역자의 일이 하나님의 사랑을 전하는 것이라면 사역자도 아가페가 필요했을 것이다. 다만 믿음의 대가로 받은 사랑이 대가 없이 전달되기 위해서는 믿음이 뒤따라야 했다. 믿음 없이는 생명을 살릴 만한 사랑이 복음 안에 있을 수 없었다. 정선의 의지가 믿음으로부터 오는 것이라면 그의 열의는 증거가 될 만했다.

"3학년이라고 들었어요. 신학은 어떻게 시작하게 됐어요?"

그는 나중 된 이방인에게 같은 질문을 했다. 매번 처음 만나는 사람에게 듣는 물음을 선우가 먼저 한 적은 없었다. 왜냐하면 죽음을 이유로 시작했다는 말과는 다르게 그들은 하나같이 생명을 위해 시작했다고 했다. 그리고 골목에서 죽어 있는 자신을 본 이후로 죽음이 영원히 살 수 있는 건 스스로 볼 수 없는 절망이었기 때문이다.

"죽지 않기 위해 시작했어요."
"영생을 얻기 위해서 시작했다는 말인가요?"
"비슷해요. 영원히 살 수 없으니깐요. 어차피 하나님을 만나야 한다면 곁에 머물기로 했어요."
"독특하시네요. 대부분은 복음을 전하고 사람들을 구원의 길로 인도하겠다고 하거든요. 전도사님은 좀 다르시네요."
"그건 해야 할 일이죠. 그들은 시작을 말하지 않았어요. 속마음은 그렇지 않았을 거예요."
"그럴 수도 있겠네요."

정선은 입꼬리를 올리며 말했다. 그리고 선우에게 식사 기도를 부탁했다. 간단히 기도를 마치고 숟가락을 들어 밥을 먹었다. 허기가 있던 차에 한동안 밥만 먹었다. 배고픔이 조금 가라앉았을 때쯤 선우의 밥그릇을 보며 정선은 말을 이었다.

"부족하시면 말씀하세요."
"네."
"제가 듣기로 저희 교단 신학교가 아니라고 들었어요. 대학원은 어디로 갈 생각이세요?"
"잘 모르겠어요. 교단이 중요한지도 모르겠고요."
"앞으로 어떤 사역을 계획하는지 모르겠지만 함께 할 동역자는 전도사님께 중요합니다. 교단 선택은 신중해야 해요. 결국 사역도 현실이잖아요."

"글쎄요. 하나님께서 인도하시겠죠."
"아, 네. 물론 좋은 길을 예비하셨을 거예요."

쌍꺼풀 없는 눈동자에는 흔들림이 없었다. 그리고 입꼬리가 다시 올라가며 엷은 미소를 지었다. 정선은 흥미로운 이야기를 기대하는 것처럼 선우에게 재차 질문했다.

"그래서 전도사님은 언제가 죽음을 맞이할 삶 때문에 신학을 시작했다는 말이잖아요?"
"시작은 그랬죠. 그러나 죽음이 당사자에게 어떤 기쁨을 줄지 모른다면 자진해서 십자가에 매달릴 사람은 없을 거예요. 영생을 보장받을 수 없다면 생명을 위해 신학을 시작했다는 말이 맞을 듯싶네요."
"믿음이 영생을 보장하지 못할 것이란 말인가요?"
"전 항상 우리가 하나님을 믿고 있다는 것을 의심했어요. 믿음을 증명할 수 있다면 오늘이라도 죽을 수 있어요. 그러나 믿음이 대가 없는 죽음이 된다면 생명을 살아내는 것이 나을지도 모르겠네요. 먹는 것과 마실 것, 입을 것을 위한 삶이죠."
"그래요. 흥미롭네요. 그럼, 전도사님은 죽음을 어떻게 생각하세요?"
"죽음은 차갑고 싸늘하고 절망적이에요. 그러나 예수의 죽음은 다르죠. 가치를 지녔죠. 그럼에도 우리는 그렇게 죽을 수 없어요."
"왜죠? 예수님의 제자들은 예수님처럼 죽었어요. 순교했죠. 생명을 위하는 길은 사람을 살리는 일이에요. 영혼의 죽음이야말로 진짜 죽음이죠. 육체의 생명은 어떻게든 사라질 거예요. 그들의 죽음은 숭고했어요."
"김 전도사님은 예수의 죽음이 숭고하다고 생각하세요?"

"물론 처절했죠. 하지만 의미 있는 죽음이었어요. 인류의 죄를 짊어진 숭고한 죽음이었죠. 세상 모든 사람은 예수님의 죽음으로 살아간다 해도 과언은 아니죠."

"숨이 끊기는 순간 예수는 의미 있는 죽음이라 생각했을까요? 예수의 죽음을 숭고하게 만든 건 그 순간을 지켜본 이들이죠. 예수는 고통스러웠을 거예요. 그리고 제자들은 예수가 되지 못했어요. 예수를 위해 죽었던 거죠. 그들조차 숭고할 것이라 확신하지 못했을 거예요."

"예수님께서 왜 고통스러웠을 것이라 어떻게 장담하시죠?"

"생살에 못이 박히는 것이 어떻게 아프지 않을 수 있겠어요?"

"예수님은 하나님의 아들이에요. 그리고 십자가의 죽음은 예정되었던 일이었어요. 기뻐하셨을 거예요. 그래서 예수님의 죽음은 숭고한 거예요."

"김 전도사님은 못 박히는 고통을 기쁨이라 생각하세요?"

"그렇죠. 하나님의 말씀을 전하며 살아가는 삶은 기쁜 일이에요. 그리고 죽음의 순간이 오면 숭고한 죽음을 택할 거예요."

"하나님은 알고 있을까요?"

"무엇을요?"

"김 전도사님의 죽음을요."

"알고 계시겠죠."

"하나님을 만나 보셨나요?"

"당연하죠. 매일 하나님을 만나죠."

"……."

신을 믿는다고 하는 대다수는 감정 어린 언어들로 신을 만났다고 했다. 예정된 길을 곱게 따라온 선택받은 사람처럼 눈물을 흘리며 말했다.

명령하신 일에 순종하며 삶을 감사했다. 그러나 선우는 그들을 이해할 수 없었다. 신을 만났다는 사람들의 증언은 증거 없는 경험일 뿐이었다. 음성과 형상은 어쩌면 그들의 환영이었을 것이다. 선우는 그런 경험조차 없지만 매일 하나님을 만난다는 정선의 말에 입을 닫았다. 정선은 선우의 주름 잡힌 미간을 보며 말을 이었다.

"그래서 전도사님은 인간의 죽음이 의미 없다는 건가요? 그럼 살아 있을 때라도 의미 있는 삶을 살아야 하지 않을까요?"
"그렇죠. 한 가지 의미 있는 일이 있어요."
"무엇이죠?"
"신이 되는 거예요."
"신이요? 전도사님이요?"
"네."
"그게 무슨 말이죠?"
"예수를 닮아 가는 것은 그의 의미 있는 죽음을 쫓을 뿐이에요. 인간은 예수처럼 숭고한 죽음을 맞이할 수 없어요. 다른 의미를 찾아 죽음을 선택해야 해요. 신은 쉽사리 신의 자리를 내어 주지 않을 거예요. 신도 예수가 신이 되기까지 괴로웠을 거예요. 물론 김 전도사님 말대로 예수는 기뻤을 수도 있었겠네요. 신이 될 자신을 보며 십자가에 스스로 올라갔을 거예요. 신이 되기 위해서는 예수를 위해 죽어서는 안 돼요. 스스로 짊어질 십자가를 만들어야 해요. 예수와 다른 죽음을 찾아야 하는 거죠."
"무슨 말을 하는지 모르겠지만 이단이 되겠다는 말로 들리네요."
"하나님의 입장에서 예수도 이단이었을 거예요. 그도 우리와 같은 인간이었어요. 인간 예수가 신이 된 거죠. 김 전도사님 말대로 예수의 죽음처럼 십자가에 못 박힐 용기가 있다면 순교자가 되겠지만 하나님의 대속물이 된다면 예수처럼 신이 될 수 있어요. 예수의 그늘에서는 신이 될 수 없어요."

"위험한 말이네요. 하나님을 믿는 것은 예수님을 믿는 것과 같아요. 그리고 스스로 신이 되겠다는 말은 성경을 거스르는 일이죠."

"예수의 죽음이 김 전도사님께 어떤 의미가 있죠? 인간의 죽음이 숭고해질 것이라 믿는다면 스스로 신이 될 수 있는 길을 선택하세요. 예수처럼 죽는다고 예수가 되지는 않아요."

"예수님처럼 죽을 수는 있어도 신이 되겠다는 생각은 없어요. 전 이단이 되고 싶지 않거든요."

"죽음을 숭고하게 만드는 사람들이 이단이 되겠죠. 그리고 죽은 사람은 그들의 추앙으로 신이 되겠죠. 죽은 자는 볼 수도 말할 수도 없어요. 모세나 여호수아, 베드로는 신의 그림자에 가려져 신이 될 수 없었어요. 그러나 그들을 추앙하기에는 부족함이 없죠."

"이스라엘이 오래도록 살아남은 이유는 유일신을 섬겼기 때문이에요. 오직 하나의 신이죠. 신이 다양했다면 분열이 일어났을 거예요. 한 혈통이 지금까지 유지된 비결은 유대인 누구도 신이 될 생각을 하지 않았기 때문이에요. 신이 될 수 있다는 것은 지극히 개인적인 생각 같네요. 그리고 우 전도사님도 지금 하나님의 그늘에 있지 않나요?"

"물론 그렇죠. 하지만 예수의 그늘은 아니에요. 메시아를 자청하는 사람은 여전히 존재해요. 유일하게 예수만 신이 됐지만 구원자를 기다리는 사람들과 구원자가 되기를 원하는 사람들은 항상 있었어요."

"전도사님은 예수님을 믿지 않나요? 아니면 다른 누구를 믿나요?"

"저도 신을 믿어요. 하나님을 믿죠."

"어떻게 하나님을 믿는 사람이 신이 될 생각을 할 수 있어요?"

"하나님을 믿고 있는 사람은 누구든 신이 될 수 있어요. 예수만 신이 될 수 있었던 것은 아니에요. 여호수아도 신이 될 수 있었죠. 아니면 김 전도사님이 될 수 있고 다른 누가 될 수도 있어요. 물론 인간의 몸으로 왔다면 죽음은 피할 수 없을 거예요."

"음. 전도사님이 신학을 한 이유를 알겠네요. 다시 오실 예수님! 메시아가 되고 싶은 거네요."

"물론, 쉬운 일은 아니죠. 예수의 그늘을 벗어나기는 더욱 쉽지 않아요. 또한 예수와 다른 죽음을 맞이하면 순교도 아닌 쓸모없는 죽음이 될 것 같아요. 하나님을 믿는다고 인간의 죽음이 의미를 갖진 못할 거예요."

"그럼 살아 있는 동안 예수님처럼 살아보는 건 어때요? 하나님께서 우 전도사님을 대속물로 사용할 수도 있잖아요."

"김 전도사님은 매일 하나님을 만난다고 했으니 혹시 못 박히는 고통을 당하면 신이 될 수 있냐고 물어봐 주세요. 전 아직 만나지 못해서요."

정선은 좌식 의자에 등을 기댄 채 기지개를 켰다. 그리고 한숨을 쉬는 듯 숨을 크게 들이마시고 뱉었다. 선우는 식은 밥을 마저 먹었다. 알 수 없는 표정을 짓고 있는 정선은 다시 오실 예수를 상상하는 것 같았다.

'만약 메시아가 앞에 있는 선우라면 사람들은 구름 떼처럼 몰릴 것이고 기쁨은 넘칠 것이다. 병을 낫게 할 것이고 고통과 상처도 사라질 것이다. 무엇보다 자신의 짐도 가져갈 것이다.'

"우 전도사님. 믿음을 가지세요."
"네!"
"믿음을 가지고 예수님처럼 살면 신이 될 수 있을지 어떻게 알아요?"

"죽음이 기쁨이 돼야 할 텐데, 믿음을 확인받을 길이 없네요. 제가 믿고 있다는 것을 하나님은 믿을까요?"

숭고한 죽음에 대한 선우의 생각도 지극히 개인적이었다. 이타적 삶을 살아낸 예수에게 얻어진 대가를 원하는 인간이 있을까? 선우의 바람은 대못 앞에서 변함없을까? 신이 되기 위해 예수를 모방하는 것은 이타적 삶을 살아낸 사람이 신이 된 것과는 다를 것이다. 그러나 후자의 믿음이 예수의 위치까지 올려놓는다는 보장 또한 없을 것이다. 믿음을 어떻게 증명할지에 대한 의문은 이타적 삶을 살아가게 하는데, 장애가 될 것이다. 왜냐하면 믿음은 신이 결정하기 때문이다.

정선이 말한 믿음은 선우와 같은 것일까? 신은 선우의 죽음을 어떻게 결론지을까? 살 속으로 파고드는 대못을 기쁨으로 받아들일 수 있을까? 아마도 신을 믿는 증거는 숨이 사라지는 순간까지 자기를 없애고 신을 넣는 작업이 필요할 것이다. 예수가 그랬던 것처럼 기쁨과 소망에서 고통과 희생으로 잠 못 이루는 밤이 될 것이다.

16

잠들지 못하는 선우는 식탁 의자에 앉아 창문으로 들어오는 바람을 맞고 있다. 그리고 어머니는 더 이상 뒤척이지 않은 채 옅은 숨소리를 내며 잠들었다. 주변은 깊은 바닷속에 잠긴 듯 고요하고 어두웠지만 빌라 한 곳에서 불을 밝히고 있었다. 빛이 흘러나오는 창문은 공중을 떠다니는 등대처럼 선우의 거실을 노려봤다. 서서히 창문이 열리며 틈새 사이로 검은 것이 지나다녔다. 선우는 불빛이 흘러나오는 창문 틈새를 응시했다. 빛이 꺼지지 않은 빌라는 잠들지 못한 선우의 거실과 마주하고 있었다. 이리저리 움직이던 검은 것은 창문 틈새 사이에 멈췄다. 사람의 형상을 한 검은 얼굴은 창문에 턱을 괴고 있었다. 눈동자 주변으로 흰자가 도드라져 보였다. 번뜩이던 눈은 깜박이지 않았다. 불이 꺼진 식탁에 앉아 있던 선우도 물러설 수 없다는 듯 검은 얼굴을 봤다. 서로를 응시하며 한동안 적막이 흘렀다. 이내 의자에서 일어나 커튼을 쳐 버렸다. 불빛은 사라지고 주의는 완전히 어두워졌다. 식탁 의자로 돌아오자, 명치가 조여 왔다. 이사 온 이후로 처음이었다. 새벽마다 찾아왔던 명치에 못이 박히는 고통은 여느 날과 다르게 잠이 오지 않던 밤에 찾아왔다.

17

그때도 밤이 오면 그는 창문을 통해 선우를 지켜봤다. 고통을 끝내는 방법은 숨을 끊는 것밖에 없었다. 그러나 의미 없는 죽음을 선택할 이유는 없었다. 예수는 십자가에서 고통을 끝냈지만 선우에게 매달릴 십자가는 없었다. 고통을 알아줄 사람 없이 죽는 것은 평범한 죽음이나 다름없었다. 예수를 모방하는 것이 인간으로서 어리석은 일임을 깨달은 선우는 사임 이후 한동안 죽음을 쫓지 않았다. 명치에 못이 박힌 채 철원에서 시작했던 사역은 1년을 채우지 못했다. 휴학 신청을 하고 어머니의 집으로 갔다. 은혜가 보고 싶었다. 도화동은 그녀를 처음 만났을 때처럼 차가운 바람이 불었다. 다시 만난 그녀의 머리카락은 더 길어졌고 입술은 붉어졌다. 그녀의 부드러운 말투는 선우의 마음을 달랠 만큼 성숙해져 있었다.

"몸은 괜찮아요?"

"아니. 아파."

"병원은 가 봤어요?"

"이상 없대."

"그럼, 교회는 아파서 사임한 거예요?"

"아마도."

"다른 이유도 있어요?"

"아니 없어. 위경련이 심해서 그만뒀어. 학교도 휴학했고."

"앞으로 사역은 어떻게 할 거예요?"

"잠깐 쉴 거야."

"근데 왜 몸이 안 좋아진 거예요? 거기서 무슨 일 있었어요?"

"잠을 못 잤어."

"왜요? 왜 잠을 못 잤어요?"

"밤마다 사택 창문에 누군가 있었어."

"누가요? 누가 있었는데요?"

"나도 몰라. 그가 나타날 때마다 명치에 못이 박히는 것처럼 아팠어. 좀 쉬면 괜찮아질 거야. 잠을 못 자서 그랬을 거야."

"음. 며칠 쉬는 게 좋겠어요. 쉬고 나면 괜찮아질 거예요."

"앞으로 평범하게 살 거야. 하나님이 주시는 기쁨만 먹고 살 거야."

"오빠는 교회에 처음 왔을 때부터 기뻐했어요."

"그랬나? 기뻤던 것 같기도 하네. 여기 오면서 네가 제일 보고 싶었어. 더 예뻐졌네."

"그래요."

선우는 은혜에게 좋아한다는 말을 하지 못했다. 어떤 이유에서인지 도서관을 함께 다니거나 교회에서 마주칠 때도 마음을 전하지 않았다. 지금에서야 그녀가 보고 싶었다는 말을 대신했다. 은혜의 목소리는 명치에 박혀 있던 못을 녹여냈다. 고통과 절망에서 기쁨과 소망으로 바뀌는 것 같았다. 보이지 않는 예수의 죽음 따위를 쫓는 것보다, 눈앞에 보이는 여자를 사랑하는 것이 나을 것이다. 기쁨을 좇아 닿을 수 없는 신을 찾기보다 신이 부여한 여자를 사랑하는 것이 신을 쫓는 기쁨을 대신할 것이다.

은혜에 대한 선우의 감정은 욕망이었을까? 사랑이었을까? 모든 공간은 축소되고 주변의 시간은 멈춘 듯했다. 초침의 흐름은 그녀의 부드러운 손바닥 안에서 춤을 추는 것처럼 낮과 밤의 구분 없이 흘러갔다. 은혜는 선우의 볼을 두 손으로 쓰다듬고 어깨와 팔을 쓸어내리며 손을 잡았다. 잠 못 이루는 밤은 사라졌다. 그녀를 품은 선우의 밤은 평온을 찾았다. 밤에 왔다가 낮에 사라지는 욕망은 언제나 그 자리에 있었고 은혜를 바라보는 기쁨은 영원할 것 같았다. 선우는 은혜를 사랑했다.

하와의 열매를 받은 아담처럼 선우는 은혜를 닮아 갔다. 둘은 같은 사람처럼 보였다. 아담은 신의 말을 거역할 만큼 하와를 사랑했을까? 호기심을 느꼈을까? 그들의 사랑은 에덴을 떠난 이후에도 영원했을까? 그러나 은혜는 선우에게 열매를 주지 않을 것처럼 신을 사랑했다. 선우는 먼저 나무에 올라 열매를 따고 싶었다. 신만이 알고 있는 선악을 알고 싶었다. 예수는 선악을 알았을까? 열매를 먹지 않은 사람은 선악을 몰랐을까?

열매를 먹는 행위는 신의 젖을 뗀 아담과 하와처럼 에덴을 떠나야 했다. 국부에 털이 자란 아담은 대수롭지 않게 사랑하는 하와의 권유로 열매를 먹었다. 그리고 신의 울타리를 넘어 그들은 보금자리를 찾아 떠났다. 선우도 은혜가 열매를 가져온다면 언제든 떠날 수 있었다. 그러나 은혜의 신앙은 여전히 변함없었고 찬바람이 가실 때쯤 선우는 교회에 가지 않았다.

"이제 괜찮아요?"
"뭐가?"
"아프지 않아요?"
"괜찮아. 너무 좋아. 평온해."
"그래요. 이제 교회와도 가까워져야 하지 않을까요?"
"굳이 그래야 돼?"
"왜요? 아직 시간이 더 필요해요?"
"여기를 떠나야 하지 않을까 해."
"왜요?"
"그가 언제 다시 나타날지 몰라. 지금의 평온을 깨고 고통을 줄지 몰라."
"이제 그 생각에서 벗어나요. 하나님께 순종하며 살아요. 졸업도 해야 하잖아요."
"그래. 하나님이 너도 주었으니, 너를 잃지 않기 위해서라도 순종하며 살아야지. 그래도 설교는 하지 않을 거야. 물론 목회자가 되지도 않을 거고."
"앞으로 뭐 하려고요?"
"몰라. 어쨌든 여기를 떠나야 할 것 같아."
"다시 생각해 봐요. 오빠는 좋은 목회자가 될 수 있어요."
"하나님이 좋아하지 않을 거야."
"왜요? 주의 종이 되겠다는데 하나님께서 싫어할 이유가 없잖아요."
"그의 종이 되지 않겠다면? 그래도 좋아할까?"

"그게 무슨 말이에요?"

"난 이곳에 머물고 싶지 않아. 다른 곳으로 떠나고 싶어."

"어디로요?"

"하나님을 떠나 다른 곳으로 가고 싶어. 예수를 위해 죽고 싶지 않아. 물론 평범하게 죽고 싶지도 않아. 만약에 내가 떠나자고 하면 같이 갈 수 있어?"

"전 하나님을 떠나서 살 수 없어요. 지금 이곳이 좋아요. 오빠도 이곳에서 살아요."

"이곳에서 할 수 있는 것이 없어."

"목사님이 되세요."

"목사가 된다고 우리가 머물 땅이 생기는 것이 아니잖아. 모든 땅은 신이 차지하고 있어. 평생 그의 밭을 일구며 종으로 살아야 할 거야. 아담과 하와처럼 이곳을 떠나야 해."

"밖은 더 척박할 거예요. 아무것도 얻지 못하면 우리는 굶거나 헤어질지도 몰라요. 이곳은 기름져 있잖아요. 하나님께서 저희를 만나게 했잖아요. 이곳에 머물러요."

"난 하나님의 종으로 살 수는 없어. 그렇다고 예수처럼 죽는 건 너무 큰 고통이야."

"제발 그만 좀 해요! 그 얘기! 전 이곳을 떠날 생각이 없어요!"

그동안 선우는 은혜에게 창문 밖 존재에 대해 말해 왔다. 물론 그녀도 선우의 말을 처음부터 신뢰하지 않았지만, 하나님을 만났고 욥처럼 고통을 겪었을 것이라 이해했다. 그러나 평온을 찾을수록 그의 생각을 떨치지 못한 선우는 다시 죽음을 쫓기 시작했다. 은혜가 아니라도 기꺼이 나무에 올라 열매를 딸 수 있었다. 선으로든 악으로든 새로운 보금자리를 찾아 떠나고 싶었다. 다만 신의 곁을 떠나지 않을 은혜는 열매를 먹지 않을 것이다. 혼자 떠난다면 은혜를 잃어버릴 것이다. 사랑도 기쁨도 사라질 것이다. 고통과 기쁨을 찾아 땀을 흘리며 살 것이다. 은혜가 없다면 열매도 의미 없어질 것이다. 만약 함께 떠난다면 그녀 말대로 삶은 더 불행해질 수 있었다. 선우는 신만이 알고 있는 선악을 알지 못해도 상관없었다. 떠난 곳에서 얼마든지 예수처럼 죽을 수 있었다. 땅을 모두 일구면 열매를 맺을 것이고 사랑이 생기면 그곳에서 신이 되면 됐다. 그리고 신이 된 자신을 보고 은혜가 하나님을 떠날 수도 있다고 생각했다.

"알았어. 나 혼자 갈게. 넌 에덴에 남아."
"에덴이요?"
"어. 난 곧 떠날 거야. 그리고 데리러 올게."

18

선우는 명치를 부여잡고 숨을 거칠게 몰아쉬었다. 사위는 어둠으로 뒤덮였다. 의자에서 일어나 닫힌 커튼으로 다가갔다. 불빛이 보이는지 가까이 눈을 대고 살폈다. 불빛은 보이지 않았다. 다시 커튼을 걷었다. 시원한 바람이 커튼을 치대며 거실로 들어왔다. 큰방까지 닿은 바람에 어머니는 저린 다리를 툭툭 치며 뒤척였다.

시계를 보니 자정이 넘었다. 식탁 위에 놓인 자동차 키를 움켜쥐고 잠들어 있는 어머니를 봤다. 선우의 시선을 느꼈는지, 몸을 뒤척이며 등을 돌렸다. 불 꺼진 빌라들은 모두 잠들어 있는 듯했다. 선우는 이 틈에 조심스레 현관문을 열었다. 도어록 소리가 요란하게 들렸지만, 빌라들을 깨우기엔 작은 소리였다. 현관문 옆에 있는 신발장에서 운동화를 집어 들고 맨발로 계단을 내려갔다. 지하 주차장까지 내려온 선우는 신발을 바닥에 내려놓고 대충 구겨 신었다.

차량에 올라타기 전 불이 켜진 창문이 있는지 확인했다. 발소리에 민감한 어떤 빌라가 깼을지도 모르기 때문이다. 다행히 움직이는 빌라는 없었다. 차 문을 열고 운전석에 앉았다. 살며시 문을 닫고 시동 버튼을 눌렀다. 점화플러그에 불이 붙는 순간 굉음을 내며 시동이 걸렸다. 소리는 주차장 벽면을 타고 적막한 골목 사이로 퍼졌다. 선우는 불안했다. 새벽에 차를 몰고 나가는 것을 들켜서는 안 됐다. 헤드라이트가 빌라들의 창문을 비췄다. 하나, 둘 눈을 비비며 깨기 시작했다. 급하게 액셀을 밟아 주차장을 빠져나갔다. 언덕을 내려오며 몸을 핸들에 바짝 붙인 채 차 앞 유리로 눈을 치켜떴다. 고개를 빼 들고 불빛을 확인했다. 불빛은 보이지 않았다. 그러나 몇몇 빌라들은 깼을 것이다. 언덕을 내려왔지만 불안했다. 분명 어떤 창문에서 불이 켜졌을 것이다. 큰 길가로 나갔지만, 선우는 불안했다.

"분명히 자동차 문 열리는 소리에 누군가 깼을 거야. 시동 소리가 너무 크게 들렸잖아! 언덕을 내려오는 걸 창문으로 봤을지도 몰라. 여긴 빌라들이 너무 많아. 왜 소리에 민감한 거지? 왜 잠을 못 자는 거야? 내가 나가는 걸 보고 수군거리겠지. 날 수상한 사람쯤으로 여길 게 뻔해. 난 이상한 사람이 아냐! 왜 날 감시하듯 쳐다보는 거야! 젠장!"

"……."

"근데, 지금 어디로 가는 거지?"

새벽이 깊어 오지만 옆 유리로 지나가는 몇 대의 차들이 선우를 쫓고 있는 듯 바짝 따라붙었다. 언덕을 따라 급히 내려온 빌라 차량이라 생각한 선우는 액셀을 더욱 세게 밟았다.

"이 차들은 왜 새벽에 돌아다니는 거야? 술을 마셨나? 나를 쫓아오는 건 아니겠지? 그래! 나를 쫓아오는 건 아냐! 빌라들은 잠들어 있었어. 아닌가? 깼었나? 이렇게 빨리 쫓아올 일이 없지! 나하고 아무 상관없는 차들이야! 명치가 너무 아파! 좀 더 멀리 가야 해."

19

오전 4시 30분 알람이 울린다. 철원의 1월은 전사한 영혼들이 휘파람을 부는 것처럼 으스스한 바람이 불었다. 평소 4시 50분쯤 일어나지만, 오늘은 새벽 설교가 있는 날이다. 교회가 세워진 이래 새벽예배는 단 한 번도 쉰 적이 없다고 했다. 세면을 하고 주름진 검정 바지와 와이셔츠를 입었다. 거울에 비친 자신과 눈이 마주친 채 하나뿐인 넥타이를 목에 맸다. 밤잠을 이루지 못한 탓인지 실핏줄이 흰자 주변으로 퍼져 있었다. 셔츠를 바지 안으로 구겨 넣고 재킷을 입었다. 사택 현관문을 나서며 막 나오던 정선과 마주쳤다. 고개를 끄덕이며 함께 지하 예배실로 내려갔다.

가장 먼저 교회 문을 여는 사찰 집사님은 복도 조명을 켜 놓았다. 은은히 비추는 빛을 따라 계단을 내려가면 조용히 흘러나오는 복음성가가 들렸다. 컴컴한 예배실 분위기는 경건했다. 몇몇 장로님과 권사님은 자리에 앉아 눈을 감고 기도하고 있었다. 선우는 강대상을 등지고 앉아 5시가 될 때까지 기다렸다. 4시 59분이 되자 형광등이 하나하나 켜지고 음악 소리가 줄어들었다. 선우는 단상에 서서 어제 쓴 설교문과 성경책을 펴 놓았다. 마이크를 통해 들어간 숨소리는 앰프에서 미세한 잡음을 냈다.

고개를 들어보니 몇몇이 자리를 더 채웠다. 입구 쪽 뒷자리에 담임목사님과 그 앞에 정선이 앉아있었다. 선우는 사도신경을 하고 다 함께 찬송가 360장을 불렀다. 반주 없이 부르는 목소리는 메마르고 갈라졌다. 여러 명의 마른 소리가 지하통로를 한동안 울렸다. 다시 마이크 잡음 소리가 예배실을 채워 갈 때쯤 본문 장, 절을 말했다. 그리고 얇은 인디언 종이 넘어가는 소리는 마지막 한 장을 넘기는 누군가의 성경책에서 멈췄다.

> 제목: 하나님께서는 의로우십니다.
>
> 성경: 롬 3:22~26
>
> 여러분은 하나님을 믿으십니까? 여기에 모인 모두는 분명 하나님을 믿으실 것입니다. 그래서 믿음을 가진 우리 중 누구도 차별하지 않으십니다. 또한 죄인 된 우리에게 하나님께서는 '의롭다' 하십니다. 오직 믿음으로 '의롭다' 하십니다. 예수님의 피 흘림으로 믿음을 고백했던 우리는 죄 사함 받았습니다. 하나님은 알고 계십니다. 믿음의 소리를 들으시고 우리의 연약함을 위로하십니다. 하나님 보시기에 우리는 죄인이었습니다. 그러나 예수님께서 우리의 죄를 대신해 십자가에 돌아가시고 우리는 그리스도를 믿음으로 죄 사함을 넘어 의로워졌습니다.
>
> 값없는 은혜에 감사하며 믿음의 예배를 드려야 합니다. 열심과 최선의 행위로 인정받고 싶은 마음을 내려놓고 믿음으로 나아가야 합니다. 어떤 행동으로도 그분의 선하심을 흉내 낼 수 없습니다. 자신의 부족함

> 을 하나님 앞에 내려놓고 내 모습 그대로 하나님의 말씀에 귀 기울여 보십시오. 하나님의 인도하심에 은혜가 있습니다. 어떤 값으로도 살 수 없는 은혜가 있습니다.
>
> 하루하루 여러분의 삶에 은혜가 있습니까? 하나님께서 지금 여러분을 이곳에 모이게 하신 이유는 '의'의 예배를 드리기 위해서입니다. 나를 힘들게 했던 짐을 내려놓고 믿음으로 살아가시길 바랍니다. 하나님께서는 믿음으로 의롭게 하신 우리를 화목하게 하십니다. 화목은 기쁨이 되고 삶의 소망을 믿음대로 이루게 하십니다.
>
> 여러분은 하나님을 믿으십니까? 믿는 자의 죄를 사하시고 '의롭다' 하시는 하나님을 믿으십니까? 선한 하나님을 믿으시길 바랍니다.

설교가 끝나고 주기도문으로 예배를 마쳤다. 형광등이 꺼지고 방송실에서 복음성가가 흘러나왔다. 어두워진 예배실에 기도 소리가 들렸다. 선우는 사택으로 들어가지 않고 단상을 등지고 앉았다. 숭고한 죽음을 위해 신을 믿기로 했던 선우는 맹목적 믿음을 설교했다. 설교는 문제없었다. 단지, 본인에겐 쓸모없는 것처럼 느껴졌다.

한낱 인간이 신의 생각을 알 수 있었던가? 언제나 인간의 말은 거짓을 참으로 참을 거짓으로 만들었다. 그래서 신으로부터 믿음을 확인받을 수 없다면 예수가 받은 핍박과 고통을 오롯이 받을 수 없는 것이다. 결국 십자가를 짊어지고 골고다를 올라야 했던 예수는 죽음으로 믿음을 증명했다. 단순히 증명할 수 없는 믿음으로 신이 될 수 없었을 것이다. 의로운 주의 종으로 남고자 했다면 죽음을 선택하지 않았을 것이다. 헌신과 희생 그리고 죽음을 스스로 맞이한 후에 신이 될 수 있었다. 신을 믿는 것은 신이 되는 조건이 될 수 없다. 예수의 옳은 결정은 희생과 죽음이었고 그의 믿음은 신이 될 수 있다는 확신이었다.

 기도하던 사람들은 하나둘씩 자리를 떠났다. 한산하게 복음성가만 흐를 때쯤 선우는 단상을 떠나 사택으로 돌아왔다. 그리고 잠시 눈을 붙였다. 창문으로 어느 정도 밝아진 아침이 들어와 있었지만, 바닥에 눕자마자 잠에 들었다. 그리고 9시쯤 사무실로 출근했다. 정선은 스케줄 표에 한 달 치 일정을 작성하고 있었다. 그는 눈을 비비고 들어오는 선우를 보며 말했다.

"오늘 설교 잘 들었어요. 얼굴이 피곤해 보이네요."
"잠을 설쳤어요."
"왜요?"
"설교 준비가 쉽지 않네요."
"아, 그렇죠. 설교."

 선우는 출입문을 등지고 있는 자리에 앉았다. 정신이 맑지 않았다. 의자에 몸을 기댄 채 몽롱한 상태로 말을 이었다.

"예수는 대단한 분인 것 같아요."
"왜요?"
"스스로 죽음을 선택했잖아요. 그것도 인간의 죄를 대신해서 희생했잖아요. 십자가에서 죽기보다는 병원을 차리거나 교사가 됐으면 큰 부를 쌓았을 거예요. 그렇지 않고서야 그가 신이 될 이유가 없었던 것 같아요."
"예수님은 하나님께서 인간의 몸으로 오신 거예요. 우리를 구원하시기 위해 오신 거죠. 사사로운 욕심으로 오신 것은 아니죠."

"물론 그렇죠. 만약 예수의 능력이 어느 날 주어진다면 인간은 무엇을 선택할까요? 욕망을 채울까요? 죽음을 선택할까요?"

정선은 스케줄표 작성을 마치고 선우와 마주하고 있는 자리에 앉았다. 흥미로운 이야기를 기대할 때처럼 쌍꺼풀 없는 눈을 치켜뜨며 입가에 미소를 지었다.

"저에게 능력이 주어진다면 땅끝까지 복음을 전하고 믿음으로 사람들을 구원할 것 같아요."
"그렇죠. 우리는 예수님을 알고 있으니, 욕망보다는 타인의 생명을 선택할 거예요. 그런데 감당이 될지 모르겠네요."
"무엇을 감당하죠?"
"많은 사람이 모일 겁니다. 좁은 땅을 넘어 전 세계로 김 전도사님의 능력이 알려지겠죠. 여러 매체는 메시아가 왔다고 방송할 겁니다. 그리고 의심하는 이들도 있겠죠. 실시간 방송을 통해 걷지 못하는 자를 고치거나 장님의 눈에 침 바른 흙을 묻혀 앞을 보게 하는 장면이 생중계될 겁니다. 질병으로 사망하는 사례도 줄겠죠. 거리에 구걸하는 사람들도 사라질 겁니다. 어떻게 보면 다시 오신 메시아는 인간의 노력과 기술을 쓸모없게 만들지 몰라요. 김 전도사님이 원하지 않아도 결국 신이 되겠죠. 욕심을 채울 것도 없이 모든 것을 가질 겁니다. 그리고 그간 노력해 왔던 인간은 신이 된 김 전도사님을 죽이려 들겠죠. 그때 스스로 죽음을 선택한다면 욕망을 완성시킬 겁니다. 감당할 수 있겠어요?"
"욕망을 완성시키다니요? 또 무엇을 감당하죠?"
"모두가 신을 믿지 않아요. 의심하는 이들은 계속해서 시험할 겁니다. 물론 시험을 이겨낸 만큼 믿음을 갖는 사람들은 늘어날 수 있겠죠. 그러나 노력해 왔던 인간에게 허무를 느끼게 할 겁니다. 신이 인간의 모든 삶을 주관한다면 더 이상 노력할 일도 사라지겠죠. 그리고 믿음이 노력을 대신하는 날이 온다면, 신은 공정하게 대가를 지불할지도 의문이에요. 인간은 신이 된 전도사님의 판단을 받아들일까요? 죽음으로 대가를 지불하는 것 외에는 인간의 욕망을 감당할 수 없을 거예요."

"아침부터 흥미로운 이야기를 듣네요. 그래서요?"

"노력하는 인간은 메시아가 된 김 전도사님을 항상 못마땅하게 여길 겁니다. 공정에 불만을 품은 인간은 언제든 전도사님의 목숨을 끊으려 할 겁니다. 그리고 허무를 느낀 인간은 곧 분노하겠죠. 허무의 주체를 찾아내 노력의 대가를 요구하겠지만 믿음 없는 인간의 요구를 김 전도사님이 들어줄 일은 없겠죠. 왜냐하면 신의 공평과 공정은 믿음이 있을 때야 비로소 모든 인간에게 적용되기 때문이죠. 믿지 않는 자들은 신을 죽여 노력의 권리를 찾아내려 할 겁니다. 공정을 위해 그들에게 믿음을 갖게 하려면 메시아임을 증명해야 합니다. 죽음으로요. 그렇지 않으면 김 전도사님 곁에 약자들만 몰릴 겁니다. 그리고 노력하는 인간들은 욕망을 위해 제2의 예수와 투쟁을 벌일 겁니다."

"결국 예수의 능력은 죽음을 선택할 수밖에 없는 운명이네요?"

"욕망이 아니라는 것을 증명하기 위한 죽음은 노력하는 인간들에게 사랑의 증거가 될 거예요. 그게 아니라면 욕망을 채워 약자를 죽이고 노력하는 인간들의 신이 되는 길도 있죠."

"그건 예수님의 길이 아니잖아요."

"그렇죠. 세상에는 강자보다 약자가 더 많아요. 그럼에도 인간이 타인을 위해 죽음을 선택하기는 쉬운 일이 아니죠. 누구든 예수의 능력이 주어진다면 욕망을 채울 거예요. 어쩌면 예수는 처음부터 신이 될 수밖에 없었는지도 몰라요."

"예수님은 자신이 신이 될 줄 알고 있었다는 말인가요?"

"몰랐다고 해도 인간은 타인을 위해 죽을 수 없어요. 알았다고 해도 마찬가지죠. 단지, 처음부터 신의 아들이었을 수도 있고 인간에서 신의 아들이 되었을 수도 있죠."

"인간에서 신의 아들이 되었다고 하기에는 스스로 죽음을 선택하지 않았나요?"

"물론 죽음으로 신의 능력을 확인시켰죠. 인간이 신을 믿는 근본적인 이유가 사랑이라면 타인의 죄를 대신해 죽는다는 것은, 신의 아들로서 가능한 일이었을 거예요. 그러나 예수의 능력이 없어도 사랑을 위해 희생할 수 있어요. 피를 흘려 유형의 사랑을 보여 준다면, 예수처럼 신이 될 수 있겠죠."

"무형의 사랑은 신이 될 수 없나요?"

"사람들은 무형의 사랑을, 사랑이라 생각하지 않을 거예요."

"왜죠?"

"보이지 않는 사랑을 어떻게 확인받을 수 있죠? 예수의 죽음은 사랑을 보이게 했어요. 그래서 믿음이 생겨났죠. 그것이 아니라면 사랑은 언제든 의심받을 수밖에 없어요."

그때, 담임목사님이 사무실로 들어오며 말했다.

"우 전도사님, 오늘 이 권사님 댁에 심방 있는 것 알죠?"
"네, 알고 있습니다."
"오늘 참석하는 성도님들 이름 꼭! 외워서 가세요."
"네 알겠습니다."

정선은 사무실을 나가는 담임목사님을 보며 선우에게 속삭이며 말했다.

"지금까지 한 얘기는 우리만 알고 있어요. 담임목사님이나 성도님들께 말하지 않는 게 좋겠어요."
"물론이죠."

20

선우는 46번 지방도로를 타고 어디론가 가고 있었다. 어느새 옆으로 달리는 차들은 사라졌다. 녹색 표지판을 보니 춘천, 가평 방향으로 가는 듯했다. 경강교 가까이 왔을 때 북한강이 한눈에 보였다.

강물 위에 앉은 달은 수면에 선을 그렸다. 손목에 찬 전자시계를 보니 새벽 1시가 넘어 있었다. 경강교 다리 중간쯤에 차를 세우고 밖으로 나왔다. 주변을 둘러봤다. 늦은 시간에 지나다니는 차량은 없었다. 조여 오던 명치에 통증도 사라졌다. 강을 가까이 보기 위해 가드레일을 밟고 인도용 난간으로 넘어갔다. 난간에 몸을 기대고 시커먼 물속을 들여다봤다. 강줄기를 타고 오는 바람은 여름밤을 시원하게 했다. 좌측을 보니 끈에 묶인 수상 보트 몇 대가 둥둥 떠다녔다. 다시 물속을 들여다봤다. 다리부터 강바닥까지 100m는 되어 보였다. 캄캄한 물속은 강의 공포감을 극대화했다.

한참을 보고 있던 선우는 뛰어내리는 상상을 했다.
'수면에 몸이 닿을 때 어떤 느낌일까? 깊은 곳으로 빨려 들어갈 것이다. 아무것도 보이지 않을 것이다. 강 아래 자신을 잡아먹을 만큼 큰 물고기가 헤엄쳐 다닐 것이다. 물살을 가르는 뱀은 허벅지를 물고 살점을 뜯어갈 것이다. 바닥의 진흙은 발목을 잡고 놓아주지 않을 것이다. 숨을 쉴 수 없을 것이다. 암흑으로 가득 찬 사위에서 죽음을 쉽게 받아들일 수 없을 만큼 발버둥 칠 것이다. 서서히 숨을 앗아 갈 것이다. 만약 강바닥에서 숨을 거둔다면 누가 알아줄까? 내일 신문? 아니면 모레 신문? 그다음 날에 젊은 청년은 왜 강으로 뛰어들었을까? 우울증과 정신적 결함으로 종결될 것이다. 그리고 어머니는 통곡할 것이다. 한 사람의 죽음은 다른 누군가의 죽음으로 이어질 것이다. 깊은 잠을 자고 있던 인간의 평온이 물속에서 깨어날 것이다. 시간이 흐르면 아무 일도 없었다는 듯 강은 조용해질 것이다. 평범한 인간의 죽음이다. 의미 없는 죽음이다.'

강바닥을 바라보고 있는 선우의 죽음은 모두를 죽일 것이다.

다시 돌아가야 했다. 에덴을 떠났던 순간으로 돌아가야 했다. 명치에 못이 박힌 채 고통을 앓으며 죽었어야 했다. 밤에 찾아오는 폐부가 뚫리는 고통을 안고 서서히 죽어 갔어야 했다. 굵은 송곳 앞에서 예수는 공포를 느꼈을까? 비명이 주변을 덮었을 때, 겸허히 죽음을 받아들였을까? 모두를 살리는 죽음을 맞이해야 했다. 은혜와 어머니도 지켜봤을 것이다. 끝까지 신의 고통에 저항했어야 했다. 그리고 죽었어야 했다.

자동차 한 대가 요란한 엔진음을 내며 다리를 지나쳤다. 선우는 육교 난간에서 몸을 떼고 뒷걸음쳤다. 출렁이는 강물 소리가 또렷이 들렸다. 공중에서 왜가리 울음소리가 들렸다. 밑물 냄새가 코를 찔렀다. 달빛은 아무 일도 없었다는 듯 같은 자리에서 선우를 비췄다.

"돌아가야 해. 집으로? 아니야. 에덴으로 가야 해. 아니지. 에덴은 이제 갈 수 없잖아. 어디로 가야 하지? 이렇게 죽을 수는 없어."

가드레일을 넘어 차 문을 열고 운전석에 앉았다. 시동 버튼을 눌렀다. 차창 밖으로 난간을 봤다. 고개를 저었다. 왜 그랬을까? 중앙 차선을 넘어 지나왔던 길로 돌아갔다. 졸음이 쏟아졌다.

21

철원의 세찬 바람은 휘파람 소리를 내며 서로 다른 곳에서 불어와 부딪혔다. 그리고 매섭게 창문을 잡고 흔들었다. 여전히 원고에는 아무것도 쓰여 있지 않았다. 자정이 넘은 시간이지만 선우는 책상에 앉아 설교를 쓰고 있다. 자신의 설교가 웃음거리가 되진 않을까? 노심초사하며 몇 번이고 본문을 곱씹어 읽었다. 그리고 키보드에 손을 얹고 몇 자를 적고 금세 지웠다.

"어떻게 시작하지? 어떻게든 시작해야 해. 곧 예배가 시작될 거야. 차량 운행도 가야 하잖아. 지금 몇 시쯤 됐지? 시작도 못 했는데, 졸려. 잠이 쏟아져."

손목에 찬 전자시계를 봤다. 오전 1시가 거의 다 되어 갔다. 3학년 새 학기가 시작되고 선우는 기숙사로 돌아와 철원으로 통근을 시작했다. 금요일 마지막 수업을 마치면 네온사인이 즐비한 포천 시내를 거쳐 철원 사택에 도착했다. 늦은 시간에 한적한 동네는 불빛이 보이지 않았다. 현관문을 열면 창문으로 들어오는 가로등 불빛은 거실의 적막감을 더했다.

몸을 씻고 가벼운 옷으로 갈아입은 후 책상에 히브리서 11장을 펴 놓았다. 월요일부터 고심해 왔지만, 첫 문장을 시작하지 못했다. 고민하는 고통을 내일로 미루고 이불 속으로 들어가 잠을 청해 보지만 떠오르지 않는 첫 문장은 잠에 들지 못하게 했다. 5시가 되면 어김없이 새벽예배에 가야 했다. 오전부터 교역자 회의와 청년부 모임이 있었다. 늦은 오후가 돼서야 사택에 들어올 수 있었다. 그리고 설교를 작성하기 위해 컴퓨터를 켰다. 사무실에서 쓰기로 한 첫 문장은 일요일 새벽까지 떠오르지 않았다.

한참을 앉아 있던 터라 굽은 허리를 펴기 위해 의자에서 일어났다. 고개를 뒤로 젖히고 천장을 향해 깍지를 낀 채 방을 빙빙 돌며 나지막하게 읊조렸다.

"믿음의 증거를 예수의 죽음이라 말해야 할까? 이건 너무 극단적이야! 성도님들도 신앙생활을 해 왔을 텐데, 아니지. 결국 믿음이라는 것은 죽음 후에 알게 되는 거잖아! 보이지 않는 것이 믿음이라면, 죽어서야 신에 의해 개인의 믿음이 평가되는 것 아닌가? 어차피 믿음이 예정되어 있다면 고통스럽게 인생을 살 필요 없지! 순교하면 더 빠를 거야. 그것이 믿음의 실상이잖아! 예수의 제자들은 명을 다하지 못하고 죽었어. 아무래도 죽음으로 믿음을 보여 주는 것이 확실해! 그런데 용기가 없다면 할 수 없잖아. 위험한 설교가 될 거야. 그럼에도 아브라함은 아들까지 죽이려 했어. 그 대가로 믿음의 조상이 된 것처럼 믿음은 누군가 죽거나 죽이거나 해야 보이는 것 아닌가? 살아 있을 때, 누가 믿음을 가졌다고 판단하겠어! 물론 하나님은 지켜보고 있겠지. 그런데 신의 생각을 어떻게 알겠어? 그렇다고 순교가 믿음의 증거라고 설교할 수는 없잖아. 믿음을 갖고 살았더니 바라는 대로 이뤄졌다. 그것이 믿음의 증거였다!"

"……."

"그런데 바라는 것이, 이뤄지지 않았다면 믿음을 증거했다고 할 수 있을까? 이뤄지지 않을 수도 있잖아! 그리고 바라는 것이 이뤄졌다고 믿음을 확신할 수 있을까? 결국 최종 목적지에서 '네가 이룬 건 내가 이룬 것이 아니다'라고 하나님께서 말씀하시면 인간이 이룬 것일 뿐 믿음의 결과가 아닌 게 되잖아! 믿음의 증거를 어떻게 찾지? 만약 예수의 제자들처럼 순교를 선택한다면 그렇게 죽을 수 있도록 믿음을 주실까? 어차피 선택이 예정되어 있다면 무엇을 고민할 필요가 있을까?"

고통스러운 고민을 쏟아내는 동안 시간도 쉬지 않고 흘렀다. 곧 해가 뜰 것이다. 해가 뜨기 전에 새벽예배에 가야 한다. 예배를 마치자마자 스타렉스를 끌고 아이들을 데리러 가야 한다. 이제 첫 문장을 작성하고 설교를 써야 한다. 졸음이 몰려온다. 조금이라도 잠을 자고 싶다. 곧 있으면 닭 우는 소리가 들릴 것이다. 설교를 써야 한다. 어쨌든 첫 문장을 시작해야 한다. 쓰고 지우기를 수십 번 반복하는 것은 의미 없는 일이다. 선우는 써 내려간 몇 문장을 지우지 않았다. 곧장 키보드 두드리는 소리가 방 안을 채웠다. 모니터에 글자들이 새겨졌다. 긴장감을 놓으면 안 된다. 끝까지 몰입해야 한다. 집중력을 잃으면 설교는 끊긴다. 조금이라도 베개에 머리를 기대고 싶다면 쏟아지는 졸음을 이겨내야 한다. 선우는 스스로 최면을 걸었다.

"이 시간이 끝나면 평안이 찾아올 것이다. 평안해질 것이다. 얼마 남지 않았다. 곧 끝난다. 집중하자. 집중하자. 멈추면 안 된다."

고심으로 인한 고통이 방 안을 채우며 창문을 붙잡고 흔들던 바람도 잠잠해졌다.

"이제 마지막 문단만 작성하면 돼."

숨을 깊게 들이마신 후 뱉었다. 긴장의 흔적이 여운을 남긴 채 열 묻은 숨이 방안을 데웠다. 키보드에서 손을 내려놓았다. 양쪽 관자놀이를 엄지로 세게 누른 채, 빙빙 돌렸다. 머리가 어지러웠다. 선우는 매주 이런 시간이 고통스러웠다.

"됐다. 이 정도면 됐어. 벌써 4시네. 평안히 잠들 수 있겠어."

> 성경: 히 11:1~3
> 제목: 참믿음은 현실이 됩니다.
>
> 믿음을 얻기란 쉬운 일이 아닙니다. 또한, 잘못된 믿음은 인생을 망치는 지름길이기도 합니다. 그럼에도 우리는 누군가에게 믿음을 주기도 하고 받기도 합니다. 사람과 사람 사이에 신뢰는 믿음이 동반됩니다. 곧 우정과 사랑의 표현입니다. 그래서 믿음은 항상 삶 속 깊숙이 들어와 있습니다. 하나님과의 관계가 그렇습니다. 믿음과 신뢰는 우리를 향하신 하나님의 사랑입니다.
> 여러분의 관계는 어떻습니까? 누군가에게 믿음을 준 적 있습니까? 누군가를 신뢰하고 믿어 보았습니까? 믿음이라는 것은 가장 힘들 때, 외로울 때, 혹은 더 많은 부와 명예가 눈앞에 있을 때, 강해집니다. 그러나 하나님께서는 일확천금을 기대하거나 힘과 권력을 위해 믿게 하지 않으십니다. 짐을 지고 있는 것은 자신입니다. 믿음은 짐을 내려놓고 사랑과 신뢰의 장소에서 쉬게 하십니다. 마음을 굳건히 하고 흔들리지 않는 신앙

을 갖게 합니다.

중요한 것은 '믿음의 방향이 어디를 향하고 있는가?' 입니다. 삶이 내 힘으로 어떻게 하지 못할 때, 하나님을 찾게 됩니다. 그때 사탄도 우리의 나약한 마음에 들어와 믿음을 흔들고 유혹에 빠지게 합니다. 누군가에게 묻습니다. '예수님을 믿으십니까?' '예 믿습니다.' 그러나 자기 의로 믿음을 시험한다면 그것을 믿음이라 할 수 없습니다. 십자가에서 믿음을 증거하셨던 예수님의 의는 사랑이었습니다. 사랑 없이 믿음을 말할 수 없습니다. 여러분은 어떻게 믿음을 증거할 것입니까? 우리의 믿음이 거짓이 아닌 참이 되길 바랍니다.

물론, 믿음의 참, 거짓도 하나님께서 판단하시고 정죄하십니다. 그럼에도 예배당의 자리만 채우려는 헛된 믿음으로 잘못된 신앙심을 갖게 된다면, 바라는 것이 이뤄지지 않게 되는 날 그 믿음은 사라질 것입니다. 축복을 위해 하나님을 믿는 것이 아닙니다. 하나님을 믿었기 때문에 축복받는 것입니다. 믿음의 과정에서 우선순위를 어디에 두는지에 따라 여러분의 믿음은 증거될 것입니다.

신앙은 순수해야 합니다. 하나님의 말씀 가운데 서로 정을 나눠야 합니다. 그 안에 사랑이 있고 축복이 있습니다. 편협된 믿음은 개인의 이익에서 집단의 이익으로 번져 갈 것입니다. 모두를 사랑하시는 하나님께서는 한쪽으로 치우치지 않으십니다. 그리고 믿음을 보십니다. 여러분의 믿음이 진실이라면 전자의 신앙을 가져야 합니다.

한편으로 이익과 부흥 없이 교회를 운영할 수 없다고 합니다. 교회의 목적은 영혼을 구원하는 것입니다. 부흥은 높은 천장을 짓는 것이 아닙니다. 3일 만에도 교회를 세울 수 있는 것은 하나님을 믿는 영혼들이 있기 때문입니다. 거짓 믿음으로 하나님의 성전이 화려해졌다면 그곳은 믿음을 사고파는 시장이 될 것입니다. 하나님께서는 지금 여러분의 믿음이 어디를 향하는지 보고 계십니다. 은 30에 믿음을 팔고 있지 않은지 항시 신앙을 점검해야 합니다. 오직 은혜로 부흥하는 교회 되길 바랍니다.

　1~2절 말씀에 '믿음은 바라는 것들의 실상이요 보이지 않는 것들의 증거니 선진들이 이로써 증거를 얻었느니라.' 믿음의 증거는 보이지 않습니다. 그러나 언젠가 실상이 됩니다. 믿음의 조상이 아브라함이 되리라는 믿음을 누가 주었습니까? 사라가 노년의 나이에 이삭을 낳을 것이라 누가 믿음을 주었습니까? 당시에 그들은 그렇게 될 것이라 보지 못했습니다. 하지만 믿음은 실상이 되었습니다. 하나님을 믿는 믿음은 아무도 인정하지 않고 바라봐 주지 않아도 하나님께서 믿게 하시면 실상이 됩니다. 우리는 그 믿음을 지켜 나가는 것입니다. 내가 믿는 것이 아니라 하나님께서 믿게 하는 것입니다.

　자기 의로 살아가고 싶은 마음이 수없이 요동칠 때, 끝까지 믿게 하시는 하나님을 신뢰하면 바라는 것은 이뤄집니다. 그리고 실상이 된 믿음은 증거가 됩니다. 이것이 하나님의 은혜입니다. 축복의 통로는 믿음으로부터 시작합니다. 남에게 보이는 믿음이 아닌 중심을 보시는 하나님께서 믿음을 보시고 증거되게 하십니다. 믿음은 스스로 보여지지 않아도 결국 보여지게 됩니다. 여러분의 믿음을 사탄이 시험하려 할 때, 동요하지 마십시오. 평안을 가지십시오. 견고한 믿음은 하나님께서 보이지 않는 중에 증거가 되게 하십니다. 우리의 믿음이 요란한 빈 수레가 되지 않기를 바랍니다.

　크리스천은 보이지 않는 것을 믿음으로 증거합니다. 인내하며 소명을 잃지 않고 믿음으로 나아갈 때 실상이 되게 하십니다. 이루게 하시고 이기게 하십니다. 그래서 당장 바라는 것이 이뤄지길 원하는 이들에게 믿음을 갖기란 어렵습니다. 사탄은 그들에게 믿음을 주기 위해 바라는 것을 이루게 하고 교회를 병들게 합니다. 원하는 것을 얻지 못하면 원망과 질타를 쏟아냅니다. 우리는 믿음의 관계를 누구와 맺었는지 알아야 합니다. 사탄과 맺은 믿음의 관계는 자신뿐만 아니라 주변까지 병들게 합니다. 짐을 덜어 주는 듯하지만 결국 더 많은 짐을 안겨 줍니다. 잘못된 믿음은 삶을 속박시킬 것입니다.

하나님을 믿는 삶은 사랑과 화목 가운데 평안을 주십니다. 짐을 내려놓게 하시고 확실한 증거를 보여 주시기 위해 끝까지 우리를 사랑하십니다. 기쁨과 소망이 되게 하십니다. 여러분의 믿음이 사탄과 맺었는지 하나님과 맺었는지 점검해 보길 바랍니다. 하나님을 보여지게 하는 삶 되길 소망합니다.

3절 '믿음으로 모든 세계가 하나님의 말씀으로 지어진 줄을 우리가 아나니 보이는 것은 나타난 것으로 말미암아 된 것이 아니니라.'

여러분은 노아가 되길 원하십니까? 노아를 보며 손가락질하는 사람이 되길 원하십니까? 지금 보이는 것은 전부가 아닙니다. 믿음이 있는 자는 태양이 내리쬐는 때에도 하나님께서 인도하시는 곳을 따라 믿음으로 나아갑니다. 모든 것을 주관하시는 하나님께서 지금 눈에 보이는 것을 전부라 말씀하지 않으십니다.

보이지 않는 믿음을 쫓아가는 것은 미련해 보이기도 합니다. 그럼에도 끝까지 믿음을 지켜 나갈 때 일부 나타나는 것이 아닌 전부가 실상이 되게 하십니다. 하나님을 손톱만큼 아는 이와 바위만큼 아는 이의 믿음은 같을 수 없습니다. 보이지 않는다고 숨길 수 없고 나타났다고 하여 전부가 될 수 없습니다. 믿음은 실상입니다. 믿음의 삶은 인내와 고통의 연속입니다. 눈앞에 당장 떨어진 빵조각이 아닙니다. 사탄에게 엎드리면 천하만국과 영광을 줍니다. 그러나 결국 사탄도 하나님의 권속 아래 있습니다. 최종 심판은 하나님이 하십니다. 여러분 모두 하나님을 믿는 참 믿음의 자녀 되길 소망합니다.

선우의 마음은 한결 가벼워졌다. 홀가분하게 긴장을 내려놓고 쉴 수 있었다. 피곤도 잠시 가라앉았다. 시계를 보니, 4시가 넘어가고 있었다. 곧 새벽예배가 시작될 것이다. 잠은 주일 예배가 끝난 후에 자면 된다. 의자 뒤에 매달아 둔 가방에서 담배와 라이터를 꺼냈다. 불꽃을 튀겨본다. 얼마 남지 않은 가스는 힘겹게 부싯돌을 붙잡으며 불을 피워냈다. 선우는 불을 바라보며 읊조렸다.

"나가서 한 대 피고 와야겠어. 바람도 쐴 겸. 30분까지 돌아와야 하니깐. 오늘 담임목사님 설교지? 근데 왜 자꾸 명치가 아프지?"

형광등을 켜 놓은 채 밖으로 나왔다. 정선의 방과는 다르게 선우의 방은 교회 본관을 향해 있었다. 새벽 예배에 오시는 분들은 창문을 지나칠 수밖에 없었다. 언젠가부터 잠시 눈을 붙일 때도 형광등은 창문을 통해 빛을 내고 있었다. 깨어 있는지 확인해야 하는 사람들은 선우의 방을 유심히 보는 것 같았다. 창문 밖에서 느껴지는 시선에도 매번 곧 일어나야 했기 때문에 시간에 맞춰 현관문을 나갈 수 있었다.

문을 나오자마자 기지개를 켜며 찬 공기를 마셨다. 철원의 새벽은 열이 오른 선우의 몸을 식혔다. 시간이 없었기 때문에 빠른 걸음으로 가로등 없는 낡은 벤치 쪽으로 걸어갔다. 멀리서 개 짖는 소리만 들릴 뿐 몇 가구 안 되는 동네는 한산했다. 5분쯤 걷다 보니 미명 속에 낡은 벤치가 덩그러니 보였다. 외롭고 남루해 보이지만 어떤 곳보다 편히 쉴 수 있는 공간이었다. 먼지 없는 모서리에 엉덩이만 걸친 채 담배 한 개비를 입에 물었다. 간신히 붙은 불에서 연기가 피어올랐다. 몸에 남아 있던 긴장도 함께 날아가는 듯했다. 점점 평온해졌다. 공중으로 날아가는 연기를 보며 선우는 명치를 어루만졌다.

"배 속에 뭔가 얹힌 듯한 느낌이야. 소화제를 먹어야 하나? 뭘 먹었더라? 오늘은 끝나자마자 기숙사로 가야겠어. 침대에 눕고 싶어. 피곤해. 자고 싶어. 몇 시쯤 됐지?"

손목에 찬 전자시계를 보니 4시 20분이 다 되어 갔다. 얼마 남지 않은 담뱃재를 연거푸 빨아 대며 콧구멍으로 연기를 뿜었다.

"곧 있으면 성도님들이 새벽 예배에 오실 거야. 길에서 마주치면 어떻게 생각할지 몰라. 이상한 놈이라고 생각하겠지! 방에 불을 켜놓고 어디를 갔다 왔는지 물어볼 거야. 물어보지 않아도 이상하게 생각할 게 뻔해! 교회 전도사가 담배라니, 냄새라도 나면 어떻게 할 거야. 냄새부터 지워야겠어."

낡은 벤치에서 일어나 빠른 걸음으로 걸었다. 사택에 거의 다 올 때쯤 몇몇 사람은 창문 쪽을 지나치며 지하 예배실로 향하고 있었다. 선우는 동네를 한 바퀴를 돌아 교회 뒷문 담벼락에 몸을 기댔다. 그리고 사람들이 안 보일 때까지 기다렸다. 발소리가 뜸해지자 재빨리 사택으로 들어갔다. 여전히 형광등 불빛은 창문을 밝히고 있었다. 아무도 나갔다 온 사실을 알지 못했을 것이다. 검지와 중지 사이에 배인 담배 냄새를 맡았다. 쾌쾌한 꽁초 냄새가 났다. 화장실로 들어간 선우는 온몸 구석구석에 비누 거품을 비벼 댔다. 약간의 냄새에도 사람들이 눈치챌지 모르기 때문에 몇 번이고 몸을 헹궜다.

거울 앞에 서서 정장을 입고 목에 넥타이를 맸다. 붉은 실핏줄이 흰자 주변으로 퍼져 있었다. 퀭한 눈을 양손으로 문질렀다. 볼을 두어 번 세게 치고 거울에 비친 자신에게 주문을 외우듯 말했다.

"오늘이 끝나면 편히 잘 수 있어. 평안해질 거야."

4시 50분. 다시 현관문을 나섰다. 철원의 공기는 언제나 신선했다.

22

선우는 잠들어 있다. 사역을 마치고 곧장 기숙사로 오느라 저녁을 먹지 않았지만, 문을 열자마자 침대에 몸을 묻었다. 방은 복도 우측 끝에 있었다. 깊은 잠을 자는 듯 보였지만 간혹 복도를 오가는 발소리와 잦은 대화 소리가 희미하게 들렸다. 그럼에도 사람들은 대부분 월요일 오전까지 입실하지 않았기 때문에, 다른 날보다 조용했다. 그리고 누군가 문고리를 열고 방으로 들어왔다. 복도 불빛이 침대를 비췄다. 실눈을 뜨고 흐릿한 형체를 보았다. 익숙한 목소리에 선우는 선잠에서 깼다.

"언제까지 잘 거야?"
"병선 형이야?"
"어, 개강하고 기숙사만 오면 잠만 자는 것 같아. 뭔 일 있어?"
"아무 일도 없어. 몇 신데?"
"11시."
"11시? 왜?"
"뭐 좀 먹었어?"
"안 먹어. 그냥 잘래. 자고 싶어."
"담배는? 한 대 피고 자."
"음, 알았어."

무거운 몸을 일으켜 슬리퍼를 신고 병선을 따라나섰다. 일요일은 인원 점검 외에 별도의 통금시간이 없었기 때문에 출입이 자유로웠다. 자정이 얼마 남지 않은 밖은 어둠이 짙었다. 그들은 가로등이 듬성듬성 비추고 있는 오래된 아파트로 들어갔다. 양옆으로 줄지어 주차되어 있는 길가를 걷다 보면 우측으로 오랫동안 사용하지 않은 배드민턴장이 나왔다. 그곳은 달빛도 틈을 주지 않을 만큼 어두웠다. 담배 2개비를 꺼내 입에 물고 불을 붙였다. 빼곡한 검정 바탕에 불꽃 두 점이 떠다니는 것 같았다. 연기를 뱉어 대며 병선은 선우에게 말했다.

"요즘 왜 그렇게 피곤해?"
"글쎄, 설교 때문에 그런가? 그건 그렇고 전에 형한테 신이 되겠다고 했었잖아?"
"그랬었지. 왜?"
"철원에 다른 전도사님하고 얘기를 나눴는데, 난 진짜 신이 되고 싶어 하는 것 같았어. 물론 모두가 신이 될 수 있다고 했지만."
"그래서? 그게 피곤한 이유야?"
"본심이 설교 안에 들어가는 것 같아서, 쓰고 지우기를 수십 번은 반복하는 것 같아. 일주일을 고심해도 매주 사택에서 밤을 새. 오늘도 여기 와서 잠들었어."
"본심이 뭔데?"
"사랑이 목적이 돼야겠지만, 믿음을 죽음으로 증명하면 예수처럼 신이 될 수 있다는 거지."
"듣는 성도님들은 이상하게 생각할 것 같은데, 틀린 얘기도 아닌 것 같아. 전에 네가 한 얘기를 생각해 봤는데 어쨌든 우리는 예수님을 닮아 가야 하잖아. 십자가를 짊어지고 목회해야 하고. 극적인 순간이 오면 순교도 해야겠지. 사역이 처음부터 그런 거라면 사랑과 믿음 없이는 할 수 없는 거였어. 그런 신념을 갖고 죽음을 택하면 네가 말한 신성화가 이뤄질 수도 있을 것 같아. 신화 속에 그렇게 신이 된 인간들은 실제로 많아."

"그런가? 그래도 불안해. 설교가 문제 될 것 같아. 누구도 형처럼 생각하지 않을 거야. 처음부터 신이 될 생각이 없었던 사람도 신념을 갖고 죽으면 신이 될까?"

"개신교는 절대 그렇게 생각하지 않아. 믿음을 높이 사겠지. 메시아가 되지 않는 이상 신이라 할 수 없어. 내 말은 새로운 교리를 창조하고 신념대로 죽으면 신으로 추앙받을 수 있다는 거야."

"이곳에서는 메시아가 아니면 누구도 신이 될 수 없어?"

"당연하지. 신이 되고 싶다면 이곳을 떠나야지."

"왜?"

"하나님과 예수님이 있는 곳이니까. 신이 될 만한 다른 곳을 찾아봐야지. 아무에게나 기름 붓지 않으셔."

"신은 나를 싫어하겠지?"

"하나님은 널 싫어하지 않아."

"그걸 형이 어떻게 알아?"

"네가 신이 되길 원하지 않으실 거야."

"나도 신이 될 생각은 없었어. 그런데 예수님을 닮아 가는 건 고통스러운 일이야. 대가 없이 죽을 수도 없잖아. 예수님은 신이 됐어. 죄인을 사랑한 대가를 받았잖아."

"그래서 고통의 대가로 신이 되고 싶다는 거야? 예수님을 닮는 건 흉내 내는 것과 달라. 넌 예수님이 아니야. 죽음을 걸고 사역할 수 없을 거야. 그건 교만이고 하나님에 대한 도전이야."

"그럼, 사역자는 희생만 하면서 살아야 해?"

"천국이 있잖아. 영생이 있잖아."

"믿음이 있어야 천국이든, 영생이든 할 거잖아. 그걸 누가 결정하는데? 하나님이잖아. 희생이 믿음의 증거가 될 수 있어? 차라리 예수처럼 살다가 죽는 게 확실하지 않아?"

"닮아 가는 것과 같은 것은 달라. 예수님처럼 살다가 죽는 것이 쉽다면 누구나 천국에서 영생하겠지. 믿음은 거저 얻어지는 게 아니야. 그래서 당장에 보이지 않는다고 불신하기 쉬운 것도 믿음이야. 예수님을 닮는 것조차 어려운 일인데, 신이 되겠다니!"

"최소한 죽음을 받아들인다면 믿음은 증명될 거야. 그럼에도 신이 날 선택하지 않는다면 예수를 닮을 필요 없이 뼈와 살을 깎아서라도 사랑할 거야. 남은 자들이 빈자리를 기억할 수 있도록 사랑할 거야."

"하나님은 항상 널 지켜보고 계실 거야. 너의 행위가 믿음에서 나오지 않는 것이라면 고통당할 거야. 단지 지금의 고통이 믿음으로부터 오는 것이길 바라."

"만약 이 고통으로 신이 될 수 있다면 얼마든지 참을 수 있어."

"대가를 원하는 사랑은 얼마 가지 못할 거야. 몇이나 사랑할 수 있을까? 전부를 사랑하지 않는다면 예수님처럼 될 수 없어. 고통이든 기쁨이든 믿음으로부터 나와야 사랑할 수 있어."

"……."

선우는 기숙사 문고리를 돌린다. 방 안이 한눈에 들어왔다. 2층 침대가 양쪽 벽면을 타고 나란히 놓여 있다. 4인 1실의 방은 고요했다. 머리만 겨우 들어가는 창문에서 시원한 바람이 불어왔다. 비어 있는 방을 한동안 바라보다 침대에 몸을 묻었다. 숨을 쉴 때마다 입 안에서 담배 냄새가 났다. 중지와 검지 사이에 배인 냄새를 맡다가 침대에 팔을 떨어뜨렸다. 평소 같았으면 몇 번이고 양치했겠지만, 귀찮았다. 잠들고 싶었다. 몇 시간 후면 예외 없이 새벽예배에 가야 했다. 정신과 몸이 분리된 듯 누군가 바닥에서 몸을 끌어당기는 것 같았다.

"젠장, 피곤해. 이러다 진짜 죽을지 몰라."

선우는 방금 뱉어낸 말에 정신이 들었다.

"아니지! 난 원래 예수처럼 죽으려 했잖아! 이렇게 죽은들 누가 알아주겠어! 아무도 죽음의 이유를 모르잖아. 내가 깨어 있는 시간에 다들 잠들어 있었잖아! 이렇게 죽을 수는 없어. 아무 생각하지 말자. 다음 주 설교는 어떻게 하지?"
"……."
"신이 되겠다고 말하지 말 걸 그랬어. 형은 날 이상하게 생각할 거야. 다른 사람들한테 말하지 않겠지? 설교가 이상했나? 쳐다보는 눈들이 너무 많아. 집에 가고 싶어. 예배는 끝났지? 기숙사에 도착했나? 졸려. 그만 자고 싶어."

혼잣말이 줄어들며 잠에 들어갈 때쯤 누군가 창문에서 속삭이듯 말했다.

"넌. 죄인이야."

낯선 목소리는 중저음의 남자 같기도 하다가 까랑까랑한 여자 같기도 했다. 선우는 꿈을 꾸는 것 같았지만, 익숙한 듯 대화를 이어 갔다.

"넌 누구지? 성제? 혜령? 너희가 나에게 죄인이라고 했잖아. 어떻게 여기까지 온 거야?"

"넌 죄인이야."

"난 죄인이 아냐. 넌 누구야?"

"난 너를 이곳까지 오게 했어."

"이곳까지? 이곳이 어딘데?"

"에덴."

"에덴? 여기가 에덴이라고?"

"그래. 창문으로 고개를 내밀어 봐. 저곳에 탐스러운 열매가 있잖아. 저 열매를 먹으면 너도 신이 될 수 있어. 네가 그토록 바라던 신이 될 수 있어. 어서 가서 열매를 따."

"저 열매가 뭔데? 저걸 먹으면 신이 될 수 있어?"

"그래. 여기는 에덴이야. 어서 저 열매를 따! 열매로 네가 원하는 건 뭐든지 얻을 수 있어. 어서 나무에 올라. 너의 왕국을 세워. 그리고 은혜는 잊어."

"왜? 은혜를 잊어야 하지? 난 그녀를 사랑하고 있어."

"은혜는 내가 너에게 보낸 나의 충실한 종이야. 그녀는 너를 사랑하지 않아. 네가 원하는 건 은혜가 아니잖아. 신이 되고 싶은 거 아니었어? 나와 같아지길 원한다면 열매를 따. 그리고 에덴을 떠나. 너의 왕국을 세워. 넌 그곳에서 신이 될 수 있어."

"내가 원하는 건…?"

"넌 신이 되길 원하잖아!"

"처음부터 난 신이 되려고 하지 않았어. 의미 있는 죽음을 맞이하고 싶었을 뿐이야. 그동안 천국에서 영생하기 위해 믿음의 증거들도 모았어. 물론 예수처럼 죽는 것이 확실한 증거가 될 것 같아서 닮아 갔을 뿐이야.

하나님이 날 선택했다는 증거만 보여 줬다면 신이 될 생각은 하지 않았을 거야."

"증거를 모으기 위해 예수를 닮아 갔다면 너 또한 죽음으로 영원히 추모받길 내심 원했을 거야. 아니야?"

"그저, 모든 인간은 영원히 살 수 없기 때문에 숭고한 죽음을 선택했을 뿐이야."

"그래서 예수처럼 신이 되고 싶었던 거잖아! 너의 바람대로 신이 될 수 있어. 너를 위한 왕국이 에덴 밖에 준비되어 있어. 저기 보이는 열매만 따면 다 네 것이 될 거야. 어서 열매를 따. 고통스러워할 필요 없어. 이곳을 떠나. 어차피 고통의 대가로 네게 주어질 구원은 없어."

"그럼, 대가 없이 죽음을 맞이할 거야. 나 스스로 숭고하게 죽을 거야."

"더 이상 예수와 같은 죽음은 없을 거야. 넌 고통을 견디지 못하고 열매를 따게 될 거야."

"예수가 고통을 이긴 것처럼 나 또한 그렇게 할 수 있어."

"넌 예수가 얼마나 큰 고통을 겪었는지 아직 몰라. 그리고 예수는 이미 죽었어. 넌 예수처럼 인간을 사랑할 수 없어. 죽기 전에 나에게 예수가 그러더군. '사랑에서 태어난 자여 사랑할지어다. 사랑으로 시작하여 사랑으로 끝날지어다. 사랑이 끝나는 날 세상은 멸망할지어다. 인간의 생각과 잔꾀로 가득할지어다. 누구든 이것에서 벗어나지 못할지어다. 헤어나지 못할 때는 이미 늦었느니라. 고통 가운데 힘겨워할지어다'. 넌 예수처럼 될 수 없어. 언젠가 열매를 먹고 죄인처럼 에덴을 떠나게 될 거야."

"난 죄인이 아니야. 그만 가 줘. 피곤해… 자야겠어."

선우는 거칠게 숨을 토하며 손가락을 조금씩 움직였다. 그리고 그는 잡아당겨진 몸을 놓아주었다. 모두가 잠든 것처럼 기숙사는 조용했다. 비상구 등이 어두운 복도 한편을 비췄다. 쉼터 벽면에 걸려 있는 시계 초침이 일정한 간격으로 움직였다. 한 바퀴, 두 바퀴, 째깍째깍 소리를 내며 돌았다. 어느새 숨을 고르게 쉬던 선우는 평안히 잠들었다. 언제부터 잠들었는지 모를 만큼 시간이 흐르고 머리맡에 놓인 자명종에서 요란한 소리가 났다. 5시 20분. 알람 버튼을 끄고 한숨을 쉬며 중얼거렸다.

"창문 밖에 누구였지?"

 침대에 걸터앉은 선우는 어깨에 돌을 얹은 것처럼 몸이 무거웠다. 열려 있는 창문을 봤다. 그리고 밖으로 고개를 내밀었다. 달빛과 가로등이 캠퍼스 건물과 조경수들을 비추고 있었다. 열매 나무는 없었다. 사람의 인기척도 없었다. 볼멘소리를 해 대며 다시 침대 가장자리에 앉았다. 시계를 보니 곧 시끄러운 복음성가가 스피커를 통해 울릴 것 같았다.
 잠이 덜 깬 채 연신 하품을 해 대더니 고개를 바닥에 떨궜다. 서서히 눈이 감겼다. 잠에 들어갈 때쯤 요란한 전자 기타 음이 들렸다. 고개를 세우고 입구 벽면에 있는 형광등 버튼을 눌렀다. 미간이 찡그려졌다. 그리고 작은 창문으로 불빛이 새어 나갔다. 겉옷을 걸치고 지하 예배실로 내려갔다.
 계단을 내려갈수록 피아노 소리가 경건하게 들려왔다. 일찍 내려온 탓에 예배실에는 아무도 없었다. 입구에서 가장 멀리 떨어진 구석 뒷자리에 앉았다. 예배가 시작되기 전까지 책상에 엎드린 채 눈을 감았다. 한동안 피아노 반주가 흘렀다. 그리고 누군가 선우 쪽으로 걸어오는 발소리가 들렸다. 인기척을 느끼고 고개를 들었다. 그는 맨 앞자리에 앉았다.

뒷모습을 잠시 응시하다 다시 얼굴을 책상에 묻었다. 긴 머리카락에 왜소한 체형은 여자처럼 보였지만 정리되지 않은 머리카락과 옷차림은 남자에 가까웠다. 다시 고개를 들어 그를 보며 중얼거렸다.

"누구지? 기숙사에 저런 사람도 있었나?"

그는 입구 쪽으로 고개를 돌렸다. 길지 않은 옅은 수염이 보였다. 옆모습은 20대 후반에서 30대 초반으로 보이는 듯했다. 선우는 기숙사에서 본 적 없던 그가 낯설지 않았다. 그리고 누구든 예배에 참석할 수 있다고 생각했다. 어두운 예배실에서 유심히 그를 지켜봤다. 시선을 느낀 그가 뒤를 돌아봤을 때 야윈 얼굴과 움푹 파인 눈이 선우를 노려보고 있었다. 전날 밤 꿈을 꾼 것이 아니라는 듯 그는 똑같은 말을 반복했다.

"넌 죄인이야! 넌 죄인이야! 넌 죄인이야!"

입술이 말라붙은 것처럼 선우는 말을 떼지 못했다. 그리고 그는 쏘아 붙이듯 말을 이었다.

"왜 열매를 따지 않았지? 너에게 좋은 기회였잖아! 죄인이 되기 싫었나? 아니면 신이 되기 싫었어?"

선우는 더듬거리며 간신히 입을 뗐다.

"창… 밖으로 열매 나무는 보이지 않았어. 방금 내가 확인했어."
"네가 꿈을 꾼 거야! 지금 당장 밖을 나가 봐. 열매 나무가 보일 거야!"

"어차피 우… 리 모두는 죄인이야. 이미 열매는 아담이 따 갔어."

"네 입으로 죄인이 아니라고 하지 않았어?"

"그래. 난 죄를 짓지 않았어. 난 열매를 따지 않았어. 열매를 먹은 건 내… 가 아니야."

"그러니, 열매를 갖고 에덴을 떠나. 신이 되고 싶잖아."

"열매를 따면 죄인이 될 텐데, 난 죄인이 되고 싶지 않아."

"빛 없는 밤중에 내가 보낸 사람이 말했을 텐데. 에덴에서 넌 신이 될 수 없다고!"

"빛 없는 밤? 병선 형?"

"에덴의 주인은 나야. 넌 이곳에서 신이 될 수 없어. 열매 나무에 올라가게 될 거야. 그리고 모두를 죄인으로 만들겠지. 그들의 신이 될 거야. 그만 고통스러워해. 내가 너의 고통을 덜어 줄 테니, 쾌쾌한 지하실에서 나가. 어서 열매를 따. 그리고 에덴을 떠나! 더 이상 예수의 말은 전하지 않아도 돼. 고통 없는 곳에서 죄인들의 신으로 살아."

"고통 없는 곳? 고통 없는 곳이 어디지?"

"죄가 있는 곳엔 고통이 없지. 마음껏 기쁨을 맛볼 수 있어. 어서 열매를 따! 그리고 죄의 밭에 씨를 뿌려. 열매를 맺으면 죄인들이 널 신으로 여길 거야."

"열매는 필요 없어. 난 단지 편히 잠들고 싶을 뿐이야."

"너의 고통을 덜어 줄게. 편히 잠들 수 있어. 나도 네가 잠들었으면 좋겠어. 너도 고통스럽잖아. 어서 열매 나무에 올라가. 널 신으로 만들어 줄게."

"난 신이 될 생각이 없어."

"아니! 넌 분명 신이 되고 싶어 했어."

"단지 죽음을 통해 예수처럼 되고 싶었을지는 모르지만, 신이 될 생각은 없었어. 난 예수의 길을 걸어가고 있었을 뿐이야. 네가 나를 신으로 만들어 준다니, 하나님이라도 돼? 열매가 무슨 상관이지?"

"열매 나무에 오르지 않고는 신이 될 수 없어. 에덴에서 넌 예수의 말을 전하는 배달꾼에 불과해. 하루라도 빨리 열매를 따는 것이 좋을 거야. 그래야 나와 같아질 수 있어. 그리고 에덴을 떠나. 너의 왕국으로 가. 그곳에서 넌 신이 될 수 있어. 이미 몇몇은 열매를 갖고 에덴을 떠났어. 이제 네 차례야!"

"에덴 밖에선 어떤 죽음을 맞이할 수 있지? 그곳에도 예수가 있어?"

"예수는 이미 죽었어! 너의 왕국에서 우선우의 이름으로 죽어!"

"예수와 같은 죽음인가?"

"최소한 너의 왕국에 거주하는 사람들은 그렇게 생각하겠지. 하지만 예수의 죽음과는 달라."

"나의 죽음은 누구를 위한 죽음이지?"

"너를 위한 죽음이겠지!"

"나를 위한 죽음? 나를 위한 죽음은 의미 없는 죽음이야. 난 모두를 위해 죽길 바라."

"넌 모두를 위해 죽을 수 없어! 대신 모두를 죄인으로 만들 수는 있을 거야."

"모두를 죄인으로 만든다고?"

"그래! 저기 보이는 나무에 열매를 따! 그럼 넌 그들의 신이 될 수 있어! 신이 되든지, 영원히 고통스러워하든지 너는 선택해야 할 거야."

"왜 그래야만 하지? 모두를 살릴 수는 없는 거야?"

"모두를 살릴 수 있는 신은 하나야. 너처럼 에덴을 떠난 이들 중엔 나를 따라 하는 인간들은 많았어. 결국 예수를 동경한 널 여기까지 오게 했지만, 예수도 그들 중 하나였어."

"날 이곳까지 오게 한 게 너야?"

"네가 원했으니깐!"

"넌 대체 누구야? 날 지켜보고 있었던 거야?"

"난 너를 만들었어. 그리고 매 순간 너의 생각과 말을 듣고 있었어, 난 처음이고 끝이야!"

"네가 하나님이었어?"

"하나님? 그런 건 없어! 난 나로서 존재해! 에덴에 나무도 내가 심었고 열매도 맺게 했어. 그리고 아담에게 다른 열매는 먹어도 에덴 중앙에 맺은 열매는 먹지 말라고 했어. 그걸 아담의 여자가 어긴 거야! 그래서 그들을 에덴에서 쫓아냈어. 아담의 자손들은 고통을 겪을 때마다 괴로워 울며 날 찾더군. 그래서 타락을 선물해 줬지! 나의 명령을 어긴 이들은 에덴 밖에서 마약과 섹스, 변태적 행위로 서로를 지배하며 기쁨을 맛봤어. 그리고 끝엔 허무를 남겨 줬지. 물론 일부는 회개하고 에덴으로 넘어오기도 했어. 그럼에도 여전히 에덴을 떠나고 싶은 이들은 많아. 그러니 너도 에덴을 떠나. 너의 왕국을 세워. 기쁨을 맛보면 이곳은 쉽게 잊혀질 거야. 사실 예수의 말을 전하는 건 에덴에서 대수로운 일이 아니야. 아무도 너의 고통을 알아주지 않거든."

"그럼, 에덴에 있는 사람들은 무엇을 위해 살지?"

"날 위해 살지! 나에게 경배하며 내가 던져 주는 것만 받아먹고 살아. 에덴에 거주하는 이들은 한 번도 신이 되려고 열매 나무에 오른 적이 없어. 너와는 다르게! 그래서 그들을 에덴에 살게 하는 거야. 너처럼 신이 되려고 하는 이들은 이곳과 어울리지 않아. 그러니 열매를 갖고 여길 떠나! 이곳의 주인은 나야."

"왜 열매를 갖고 내가 죄인이 돼야 하는 거지?"

"넌 죄인이 돼야 해! 신의 말을 어기고 에덴을 떠난 이들처럼 죄인이 되는 거야!"

"우리는 모두 죄인 아니었어? 왜 죄인으로 만들려는 거지?"

"네가 나의 자리를 탐하는 것이 거슬려. 에덴을 떠난 이들 중에 특히나 넌 나에게 위험한 존재야. 어쩌다 너 같은 것을 만들었는지 후회할 정도거든! 그래서 널 이곳에서 쫓아내려고 해! 물론 나도 너를 함부로 쫓을 수는 없어. 조건은 저기 보이는 나무에 열매를 따야 해!"

"난 열매 딸 생각이 없어."

"그럼. 네게 고통을 줄 수밖에 없지. 그렇게 해서라도 널 쫓아낼 거야."

"네가 나에게 고통을 준다고? 난 예수의 말을 전한 것밖에 없어. 왜 내가 에덴을 떠나야 하지?"

"여기서 예수의 말 따위는 나의 분노만 살 뿐이야! 예수도 너와 같았어! 그래서 십자가에 못 박아 버렸지! 그 덕에 에덴에서 신이 되었지만 두 번 다시 그런 일은 없을 거야! 예수를 죽이다니, 내가 어리석었지. 그가 죽고 난 이후에 인간들은 나의 아들이라며 예수를 칭송했어. 어이가 없더군. 그런데 네가 나타나서 예수가 되려고 하니 널 쫓아낼 수밖에 없지. 널 결코 이곳에서 죽게 하지 않을 거야. 스스로 고통 속에 짓눌려 울부짖다 열매를 딸 수밖에 없게 만들 거야! 넌 이곳에서 신이 될 수 없어! 이곳의 주인은 나야!"

"그럼 예수의 제자들은 어떻게 됐는데?"

"그들은 예수가 부활할 줄 알고 에덴에 남아 그를 찬양했어. 그런데 어느 날 에덴을 떠난 이들을 구원하겠다고 나갔어. 결국 에덴 밖에서 모두 죽었지만, 예수는 여전히 이곳에서 신적인 존재나 다름없어. 열매 없이는 모두 죽임을 당하거나 폐인이 되기 십상이야! 선악을 모른다면 에덴 밖은 지옥과도 같아."

"넌 에덴에 있는 사람들에게 어떤 존재지?"

"난 그들의 신이야. 그들은 내가 만들었고 내가 시키는 대로 살아. 누구든 마음에 들지 않으면 이곳을 떠나면 돼! 날 위해 더 많은 제물과 제사를 드리는 편에게 구하는 것을 줄 거야. 그러나 게으른 자는 메뚜기나 먹겠지! 신이 되려고 한 자들은 모두 게을러! 그저 나를 팔아 신이 되려고 했을 뿐이야! 물론 지금은 사랑 운운하며 병을 낫게 하거나 먹을 것으로 환심을 사려 했던 예수와 그의 제자들도 죽었으니 나를 위협할 인간은 없어."

"그래도 여전히 에덴에 남아 있는 사람들은 예수와 그의 제자들은 기억하고 있을 거야."

"알고 있어. 그래서 적절히 이용하고 있지. 신성한 에덴에서 죽지 못하도록 다시 오실 예수를 기다리며 나의 에덴에서 열심히 일하게 해! 어리석은 인간들은 여전히 예수가 살아 있다고 믿거든! 더 이상 이곳에서 죽을 생명은 없어."

"만약 내가 목숨을 끊는다면?"

"넌 목숨을 끊을 만한 용기가 없어! 난 널 잘 알아. 넌 이곳에서 아무것도 할 수 없어. 그런 일이 있어도 너의 죽음에 대해 아무도 모르게 할 거야! 너의 말과 몸짓에 그 누구도 귀 기울이지 않을 거야! 그리고 네 사체와 피는 에덴 밖으로 던져질 거야! 그러니 열매와 함께 에덴 밖으로 떠나! 아… 그런데 이상하지! 예수의 제자들도 열매를 따지 않고 에덴을 떠났어. 그리고 비참히 죽었지. 그 후로 그들의 이름으로 사원이 지어졌고 그곳에서 예수를 찬양했어. 에덴을 떠난 죄인들 중에는 예수의 제자들에 의해 악이 사라지기도 했어. 그러고 보니 예수는 여기와 저기서도 신이 됐어. 에덴 밖에도 네가 신이 될 만한 곳은 어디에도 없을 거야. 넌 신이 될 수 없어. 결코 신이 될 수 없어."

"그렇다면 더욱 에덴에서 죽을 수밖에 없어."
"잠들지 못할 거야. 그리고 고통스러울 거야."

책상에 엎드린 채 중얼거리는 선우의 어깨를 누군가 흔들었다.

"예배 끝났어! 일어나! 기숙사 올라가서 자."
"고통스럽지 않아…."
"선우야! 선우야! 일어나! 일어나라고!"

선우는 엎드린 채 눈을 떴다. 주의는 어둡고 곳곳에서 기도하는 소리가 들렸다. 얼굴에는 땀과 눈물이 섞인 채 묻어 있었다. 고개를 들어 자신을 흔들어 깨우는 병선을 봤다.

"일어나. 기숙사 올라가서 자."

한동안 멍하니 있던 선우는 앞자리에 앉아 있었던 사람이 생각났다. 그를 향해 고개를 돌렸다. 누군가 기도하는 모습이 보였다. 그러나 좀 전에 봤던 사람과는 다르게 보통 체격에 짧은 머리를 한 남자였다. 선우는 병선에게 말했다.

"앞에 머리 긴 남자는 어디 갔어?"
"머리 긴 남자?"
"어. 머리 긴 남자."
"무슨 소리야? 빨리 일어나. 기도하는 사람들 방해되니깐 일단 올라가자."

"아니, 머리 긴 남자 있었잖아. 앞에….”
"기숙사에 머리 긴 남자가 어딨어. 일어나 올라가자. 너 너무 피곤해 보여.”
"분명히 있었어! 머리 긴 남자!”

병선에게 팔이 잡힌 채 자리에서 일어난 선우는 끌려가다시피 계단을 올라갔다. 고정된 플라스틱 의자에 선우를 앉히고 자판기에서 따듯한 커피 두 잔을 뽑아 왔다. 따듯한 종이컵을 받아 든 선우는 컵을 두 손으로 감싸고 온기를 느꼈다. 그가 머릿속에서 지워지지 않았다. 커피에서 김이 났다. 비상구 유도등이 어두운 1층 로비에 앉아 있는 그들을 비췄다.

"지하실 내려왔을 때 아무도 없었거든. 형은 언제 내려왔어?”
"5시쯤 내려왔지. 왜? 머리 긴 남자가 있었어?”
"체격이 왜소했어. 맨 앞자리에 앉아 있었고 머리가 길었어. 그리고 나에게 말을 걸었어.”
"뭐라고 했는데?”
"죄인이라고.”
"죄인?”
"맞는 말이긴 하지. 그런데 아직은 죄인이 아니라고 했어.”
"죄인이 아니라고? 왜?”
"열매를 따지 않았기 때문에 죄인이 아니라고 했어. 죄인만 에덴을 떠날 수 있다고 했어. 죄인의 기쁨을 당연시했는데 쾌락의 표현이 틀림없었어. 예수가 말한 기쁨은 아니었어.”
"그래서?”

"열매를 갖고 에덴을 떠나라고 했어. 에덴 밖은 만족할 만한 기쁨이 있다고."

"어떤 것들이 있는데?"

"돈, sex, 도박, 마약 쾌락과 탐욕, 향락의 기쁨을 말하는 것 같았어."

"우린 이미 에덴에서 쫓겨났잖아."

"그래. 맞아. 그런데 그가 여전히 에덴에 살고 있는 사람들이 있다고 했어."

"넌 그가 누구라고 생각하는데?"

"하나님일 수도 있고…. 어쨌든 날 잘 알고 있었어."

"하나님?"

"모르겠어. 어쩌면 하나님은 우리를 버렸을 거야. 기쁨이 쾌락일 수 있다면 죄인 된 우리가 쾌락을 떠나서는 기쁨을 느낄 수 없다는 거잖아. 결국 죄인에서 벗어날 수 없다면 기쁨은 없는 게 되는 거야. 기쁘지 않다는 것은 믿음이 죄를 씻기지 못했다는 거지. 쾌락이 믿음을 대신한다면 우린 죄인으로 돌아가야 해. 기쁨이 없다면 믿음의 증거가 되지 못할 거야."

"네가 본 그가 하나님이라면 분명 선한 말을 했을 거야. 하나님이 아닐 수 있어. 내가 내려왔을 때, 넌 엎드려 자고 있었어. 예배 시작하고 깨우려고 했는데 피곤해 보여서 그냥 뒀어. 네가 꿈을 꾼 것 같아. 그리고 기숙사에 머리 긴 남자는 없어."

"그러기에는 대화 내용이 너무 생생해. 물론 나도 그가 하나님인 줄 알았지만, 신이라고 하기에는 너무 이기적이고 잔인해. 예수와는 달랐어. 통제와 감시를 당하는 느낌이었어. 에덴에 있는 사람들은 그에게 절대 복종해야 하는 것 같았어. 그리고 에덴에서 쫓겨나지 않으려면 그의 기쁨을 위해 제물을 바쳐야 했는데 노예나 다름없었어. 에덴은 기쁜 곳이 아닐 수 있어."

"하나님은 그런 분이 아냐! 너 좀 쉬어야 해. 선우야."
"그런데 형도 에덴이 좋아서 오지 않았어?"
"어!"

선우는 다 마신 커피를 쓰레기통에 구겨 넣고 방으로 들어갔다. 침대에 몸을 눕히고 눈을 감았다. 평안히 잠들고 싶었다. 육체와 혼이 서서히 분리되는 것 같았다. 육은 깊은 곳으로 빨려 들어갔다. 그리고 혼은 이리저리 방 안을 둥둥 떠다니며 외부에서 들려오는 희미한 소리를 들었다. 기도를 마치고 계단을 올라오는 소리, 복도를 누비며 분주하게 아침밥을 준비하는 소리, 샤워장에서 물줄기가 쏟아지는 소리, 환하게 웃으며 대화하는 소리가 들렸지만, 잠든 육을 방해하지는 않았다. 떠다니는 혼의 귓가에 조용히 속삭이는 정도였다. 선우는 깊이 잠들었다. 죽은 사람처럼 미동도 없이 육체는 잠에 들었다.

23

북한강 줄기를 따라 차를 몰고 집으로 향하고 있다. 디젤차의 소음을 제외하면 우주를 달리는 듯 도로는 고요했다. 부지런한 여름의 태양은 곧 사위에 밝은 빛을 내며 눈을 부시게 할 것이다.

그가 말했던 것처럼 선우는 4년 전 에덴을 떠났다. 그리고 그도 더 이상 나타나지 않았다. 꿈에서도, 귓가에 맴도는 말도 들리지 않았다. 위경련과 잠들지 못하는 고통도 사라졌다. 동시에 기쁨과 의미가 사라진 삶은 숨을 쉬는 이유도 무색하게 만들었다. 사랑과 고통이 없는 하루는 호흡기를 단 식물인간처럼 산소만 흘려보냈다.

그가 말한 에덴 밖 기쁨은 선악을 알지 못하는 선우에게 쾌락의 의미를 깨닫지 못하게 했다. 기쁨을 눈앞에 두고도 맛보지 않는 것을 죄인들은 이상하게 봤었다.

에어컨을 끄고 운전석 창문을 내렸다. 맑은 공기가 필요했다. 고개를 돌려 달을 먹고 빛나는 북한강을 바라봤다. 찬 바람에 졸음이 조금씩 깼다. 고요하고 적막한 지방도로에는 디젤차가 남긴 배기가스 자국만 떠다녔다. 속도를 내기에 방해될 것이 없다고 느낀 선우는 액셀을 더욱 세게 밟았다. 엔진에서 요란한 소리를 내며 배기 통에서 가스 찌꺼기가 뿜어져 나왔다. 창문에 왼팔을 기대고 핸들 위에 오른손을 얹은 채 착시현상처럼 휘어 보이는 중앙 분리대를 따라 달렸다. 산에서 불어오는 풀내음이 쾌쾌한 디젤차 안을 채웠다.

머리가 차가워질 때쯤 앞쪽에서 밝게 빛나는 터널이 보였다. 칠흑 같은 어둠에서 새로운 세상으로 가는 출입문처럼 입구는 휘황찬란하게 빛나고 있었다. 가까워질수록 눈이 부셨다. 이내 밝은 빛은 시야를 덮었다. 그리고 디젤차는 지독한 배기가스를 남기고 터널 안으로 들어갔다. 어둠은 순식간에 녹았다. 디젤차 안을 채운 빛은 포근한 기운이 감돌았다. 밝아지는 순간이 낯설게 느껴진 선우는 미간을 찌르는 터널 조명에 눈살을 찡그렸다. 실눈을 뜨고 빛으로 가득한 터널을 응시했다. 눈꺼풀에 힘을 조금만 풀면 눈이 감길 것 같았다.

터널 반쯤 왔을 때, 반대편 차선에서 트럭 한 대가 선우를 향해 달려오고 있었다. 운전자가 훤히 보일 만큼 앞 유리창에는 필름이 벗겨져 있었다. 여자인 듯 가는 턱선에 머리카락이 길어 보였다. 트럭과의 거리가 조금씩 가까워질수록 기사의 모습은 더욱 뚜렷이 보였다. 찡그린 미간을 피고 얼굴을 유심히 봤다. 긴 머리카락이 일부분 얼굴을 가리고 있었지만, 움푹 파인 볼과 며칠 동안 면도하지 않은 수염은 분명 남자였다. 트럭과의 거리가 좁혀지며 기사도 선우의 얼굴을 확인하는 듯 눈을 마주하고 있었다. 두 차의 간격이 짧아질 때까지 시선을 유지하며 서로를 가로질렀다. 선우는 대수롭지 않은 듯 볼멘소리를 하며 사이드미러로 지나간 트럭의 짐칸을 곁눈질로 보았다. 정확히는 알 수 없었으나 동글동글한 열매가 실려 있는 듯했다. 여러 가지 색이 섞인 열매는 터널 조명에 반사되어 빛을 내고 있었다. 금방이라도 과즙이 터질 듯이 탐스러워 보이는 열매는 낯설지 않았다.

"저 트럭은 어디로 가는 거지? 새벽부터 부지런하네. 무슨 열매가 저렇게 탐스럽지? 낯이 익은데. 열매도. 기사도."

터널 끝에 다다랐을 때, 심해 괴물이 입을 벌린 것처럼 출구가 보였다. 곧이어 깊은 동굴처럼 입을 벌리고 있는 괴물은 디젤차를 집어삼켰다. 어둠은 순식간에 빛을 녹였다. 더 이상 트럭은 보이지 않았다. 그러나 가득 실린 열매와 낯설지 않은 얼굴은 머릿속에 지워지지 않았다. 긴 머리카락, 왜소한 체형, 탐스러운 열매. 한동안 나타나지 않았던 그의 존재가 떠올랐다. 반쯤 감겼던 눈이 커지며 명치에 통증이 느껴졌다. 그리고 검게 물든 사위는 두려움을 더했다.

24

이른 아침 어머니가 출근하면 얼마 후 초인종 벨이 울린다. 그리고 현관문 앞에 은혜가 서 있었다. 언제든 살을 맞대기에 충분한 그들의 봄은 매일 초인종 소리로 시작했다. 그녀가 어떤 핑계를 대고 집 밖을 나서는

지는 몰랐지만, 은혜는 선우의 품을 둥지 삼아 평안히 누워 있었다. 등을 돌린 채 팔을 베개 삼고 있던 그녀는 이리저리 몸을 돌려 얼굴을 마주 봤다. 여전히 하얀 피부에 보송보송한 솜털이 자라 있었다. 사랑스러운 그녀의 머리를 쓰다듬고 이마에 입술을 맞췄다. 볼을 타고 붉은 입술에 닿을 때 그녀도 입을 조금씩 움직였다. 옷깃 사이로 봉긋한 가슴과 브래지어가 보였다. 허리춤으로 브래지어를 걷고 가슴에 손을 얹었다. 딱딱하게 선 유두를 엄지와 검지로 쓰다듬었다. 숨이 창문에 서려갈 때쯤 입술을 떼고 옷깃 속에 있는 선우의 손을 잡았다.

"우리 집이 있었으면 좋겠어요."
"왜?"
"오빠랑 언제든 붙어 있을 수 있잖아요."
"지금도 붙어 있잖아."
"어머니 오실 시간 되면 가야 하잖아요."

선우는 은혜의 옷깃에서 손을 빼고 천장을 보고 누웠다.

"그럼 돈이 있어야겠네."
"돈이요?"
"돈이 있어야 집을 구하지."
"돈이 없으면 구할 수 없는 거예요?"
"당연하지. 누가 우리에게 집을 주겠어?"
"교회에서 집도 주고 자녀 교육비도 주던데요."
"그건 나도 알아. 그런데 우리 집이 아니잖아. 남의 집이잖아."

팔을 베고 있던 은혜는 선우의 몸을 끌어안으며 말을 이었다.

"그래도 우리의 공간이 될 수 있잖아요. 공짜로 사는 것도 아니고 오빠가 교회에서 열심히 일하면 되잖아요."
"그렇긴 하지."
"뭐가 문제예요? 아직도 힘들어요?"
"아니. 힘들지 않아. 그럼. 신학교부터 졸업해야 하나? 대학원도 가야 하고 목사 안수도 빨리 받아야겠다."
"너무 서둘지 마요. 천천히 해요. 그래도 우리가 지금은 같이 있잖아요. 하나님께서 다 잘되게 하실 거예요."
"하나님께서 잘되게 하신다고? 그래. 하나님이 잘되게 하실 거야."

선우는 품에 안겨 있는 그녀의 등을 어루만지며 에덴에 남아야 할지, 떠나야 할지 고민했다. 에덴은 부족할 것이 없었다. 단지 정해진 것에 만족하며 살아야 했다. 그녀는 그것을 원할지 모르겠지만 선우는 에덴에서의 삶이 은혜를 제외하면 탐탁지 않았다. 꿈이었든 사실이었든 머리 긴 남자와 했던 대화는 선우의 머릿속을 떠나지 않았다. 에덴에 남아 그의 종으로 살지 않는다면 명치를 뚫는 고통은 계속될 것이다. 결국 에덴을 떠나 석조로 담을 쌓아 성을 만들어야 할 것이다. 탐욕에 굶주린 인간들로부터 은혜를 지켜낼 방법은 성을 견고히 쌓는 것이다. 그리고 매 순간 보초를 서고 신경을 곤두세워야 할 것이다. 밤낮으로 돌을 날라 허술한 성벽을 보수하고 밭을 일구어 식량을 구비해야 할 것이다. 어쩔 수 없이 함께할 만한 굶주린 인간들을 성안으로 들여, 함께 성을 보수해야 할 것이다. 선우는 성안으로 들어오는 이들에게 알려 줄 몇 가지 규칙도 미리 만들어야 할 것이다. 성안에서는 신처럼 군림할 수 있을 것이다. 그리고 예수처럼 죽음 앞에 스스로 다가가지 않을 것이다. 모두를 위한 죽음이 아닌, 신이 부여한 생명에 충실히 임한 평범한 죽음이 될 것이다. 고민의 결론은 또다시 에덴에서 죽음을 맞이해야 했다. 하지만 그는 에덴에서 결코 누구도 죽게 하지 않을 것이다. 지독한 고통으로 몸부림치다 에덴을 떠나게 할 것이다. 열매를 먹고 죄인이 되게 할 것이다. 신의 모든 의도는 복종시켜 종으로 삼는 것이다.

25

에덴을 떠나고 감각 없는 계절을 몇 바퀴 도는 동안 단 한 번도 아프지 않던 명치에 고통이 느껴졌다. 건조했던 밤이 깨졌다. 갓길에 차를 세우고 밖으로 나와 너덜겅 앞에 섰다. 마비된 신장을 마사지하듯 찬 공기를 코와 입으로 힘껏 마셨다 뱉었다. 위에 박힌 송곳을 빼내려 안간힘을 쓰며 몸을 비틀었다. 그러나 통증은 가라앉지 않았다. 배를 움켜쥐고 차량 뒷좌석에 누워 누에고치처럼 몸을 굽힌 채 신음을 냈다. 식은땀을 흘리며 서서히 고통이 커질수록 정신이 혼미해졌다.

그 상태로 얼마의 시간이 흐르고 한 대의 차량이 선우가 지나쳐 온 터널에서 라이트를 비추며 다가왔다. 갓길에 멈춰 선 차량은 요란한 디젤 소음을 냈다. 몸을 일으켜 뒷유리를 통해 헤드라이트에서 비춰 오는 불빛을 봤다. 짐을 잔뜩 실은 것이 방금 지나친 트럭처럼 보였다. 덜컥 문이 열리며 트럭 기사가 내렸다. 선우를 향해 걸어오는 발소리는 점점 선명하게 들렸다. 배를 움켜쥐고 뒷좌석에서 일어나 밖으로 나갔다. 트럭에서 비추는 헤드라이트 불빛 때문에 눈을 제대로 뜰 수 없었다. 긴 머리카락, 왜소한 몸은 그가 바로 앞까지 왔을 때 에덴의 주인인 것을 알았다. 둘은 도로 갓길에서 서로를 응시하며 마주 섰다. 그리고 명치에 박혔던 못이 뽑히며 통증도 사라졌다. 그의 낯익은 인사에 선우는 덤덤하게 답했다.

"오랜만이네!"
"그래. 오랜만이야."
"내가 놀랍지 않은 건가? 아니면 두려움조차 느끼지 못하는 건가?"
"놀랍지도 두렵지도 않아. 난 예전에 에덴을 떠났어! 두려워할 이유가 없지. 네가 날 찾아올 이유도 없어."
"네가 놓고 간 물건이 있어서 온 거야."
"그게 뭔데?"
"왜 열매를 따 가지 않았지?"
"네가 날 죄인으로 만들지 못하게 하기 위해서 따지 않았어. 트럭에 실린 열매를 전해 주러 온 거라면 가지고 사라져."
"그럴 수 없어. 에덴의 인간들이 너의 열매를 가지려 해!"
"그들에게 나눠 줘!"
"그럴 수 없어."
"이유가 뭐지?"
"네 열매를 먹은 몇몇이 에덴을 떠났어. 그리고 너를 신으로 여기고 있어. 네 열매는 탐스럽고 고귀해. 그들이 주변에서 너를 지켜보고 있을 거야. 더 이상 나의 종들을 잃을 수 없어."
"에덴 밖으로 버려. 아니면 네가 먹든지."
"난 먹지 않아. 열매는 너희를 길들이기 위해서 만든 거야! 네가 가져가기 전까지 버릴 수 없어. 난 그곳의 주인이야. 네 열매를 먹을 수는 없지. 난 죄를 만들 뿐, 죄를 짓지 않아."

"난 내 열매를 먹은 이들을 용서할 거야. 그리고 네가 만든 죄는 짓지 않아."

"넌 언젠가 열매를 먹게 될 거야. 그리고 네 열매를 먹은 사람들의 죄까지 짊어지게 될 거야."

"그들의 죄를 짊어지고 죽는다면 신이 될 수 있겠네! 트럭에 실린 열매는 에덴 사람들에게 나눠 줘. 그들의 죄까지 내가 살게. 어차피 넌 에덴 밖 인간들에게 한 개의 열매도 던져 주지 않을 거잖아."

"왜 에덴 밖 인간들에게 주지 않을 거라 생각하지?"

"너의 말을 어겼으니깐. 넌 에덴으로 돌아올 수 있는 길도 열어주지 않을 거야. 그런데 고귀하고 탐스러운 열매를 죄인들에게 주겠다고?"

"네가 가져가지 않는다면 죄인들에게 나눠 주는 방법도 있어! 에덴으로 돌아오도록 길도 열어 놓을 거야. 열매 나무를 잘 가꾸면 대가도 커진다는 사실을 에덴 사람들은 알고 있어. 성이 무너진 죄인들도 깨닫게 될 거야. 너의 열매로 다시 에덴의 영원한 노예로 삼을 수 있어. 죄인의 후손 중 몇몇은 그렇게 에덴으로 넘어왔어."

"나무를 가꾸기보다 성 쌓기를 택한 인간들은 밭에 씨도 뿌리기 전에 떠날 거야. 네 트럭에 실린 열매는 에덴에서 나무를 가꾸는 사람들에게 나눠 줘. 너의 질투로 믿음이 흔들리는 이들은 에덴 곳곳에 있어. 너도 에덴의 중개인들과 별반 다르지 않아."

"그런다고 네가 예수처럼 신이 될 수 있을 것 같아?"

"신이 될 생각이었다면 에덴에서 고통받다 죽었을 거야. 고작 열매로 신이 될 생각은 없어."

"넌 결코 에덴에서 예수가 될 수 없어. 트럭에 실린 열매로 죄인의 삶을 살아. 너의 성에서 기쁨을 맛보며 살아."

"열매는 에덴 사람들에게 나눠 줘."

"그럼, 네게 다시 고통을 줄 수밖에 없어!"
"난 에덴에 있지 않아! 네가 날 주관할 명분은 없어!"
"난 신이야! 널 어떻게든 길들일 수 있어!"
"그럼 그냥 죽여."

에덴의 주인은 입꼬리를 올리며 말했다.

"그럴 수는 없지. 예수를 죽였던 것처럼 널 죽일 수는 없어. 잘 생각해. 저 트럭에 실린 열매는 기름진 땅에서 거름과 비를 내리며 직접 씨를 뿌리고 가꾼 열매야. 너의 열매를 본 사람들은 내게 순종할 거야. 넌 나에게서 기쁨을 누리며 살아. 평안을 누려. 왜 순종하지 않으려는 거지?"
"난 너의 종이 될 생각이 없어. 죄인이 될 생각도 없고. 너를 대신할 중개자를 찾고 싶다면 다른 사람을 찾아."
"선과 악을 모르고는 기쁨도 고통도 스스로 얻지 못할 거야. 순종하지 않을 거라면 트럭에 실린 열매를 갖고 너의 성을 쌓아. 그리고 에덴에 있던 흔적도 모두 지워. 네가 있는 이곳에서 열매를 먹지 않고는 마지막까지 외로운 삶이 될 거야. 쓸쓸하게 죽게 될 거야."
"어떤 선택도 나에게 좋을 게 없어. 열매가 썩을 때까지 고통을 참는 게 좋겠어. 에덴 사람들은 썩어 가는 열매를 보고 어떤 생각을 할까? 너도 고통을 느끼게 될 거야. 난 쾌락이 아닌 기쁨을 원해. 성이 아닌 새 에덴을 만들 거야. 그리고 이미 만들어지고 있어."
"널 만든 게 후회스러워. 예수와는 다를 줄 알았어."
"너의 형상으로 만들어진 게 나야. 너와 나는 다를 게 없어. 그러니 누구든 신이 될 수 있어."
"넌 신이 될 수 없어. 열매를 먹게 될 거야. 그리고 죄인이 될 거야. 그편을 선택하는 것이 좋아. 에덴을 떠난 이유를 생각해 봐. 고통을 참지 못했잖아? 새 에덴? 그곳에서도 넌 고통스러울 거야. 그리고 죽지 못할 거야. 에덴을 떠날 때처럼 도망치겠지."

"네가 날 주관할 명분은 없어! 너의 에덴으로 사라져."

"아니지. 네가 열매를 가져가지 않는다면 넌 에덴에 남아 있는 거야."

"열매는 필요 없어. 그냥 에덴 사람들에게 나눠 줘."

에덴의 주인은 미소를 지으며 트럭 쪽으로 몸을 돌렸다. 그리고 요란한 디젤 엔진음을 내며 지나왔던 터널로 되돌아갔다. 선우는 그가 떠난 자리에서 가스 찌꺼기가 사라질 때까지 서 있었다. 디젤 소음이 줄어들며 시야에서 트럭은 점점 멀어져 갔다. 완전히 없어진 것을 확인하자, 그 자리에 힘이 풀린 채 주저앉았다. 그리고 막혔던 숨을 골라냈다.

해가 뜨기 전에 집에 가야 했다. 아들이 사라진 것을 어머니가 알면 걱정할 것이다. 자리에서 일어나 디젤차로 갔다. 시동을 켜자, 헤드라이트가 바닥을 비췄다. 그리고 그가 떠난 자리에 열매 한 개가 반짝였다. 차문을 열고 조심스레 바닥에 떨어진 열매 쪽으로 걸어갔다. 달빛을 받은 열매는 보기에도 먹음직스럽고 탐스러워 보였다. 한참을 내려 보고 서 있던 선우는 열매를 집었다. 손 위에 올려진 열매를 베어 물고 싶다는 충동을 느끼며 입으로 가져갔다. 그때 멀리서 자동차 경적음이 났다. 손을 멈췄다. 그리고 천천히 비탈진 너덜겅 쪽으로 몸을 돌려 미명을 예고하는 산을 봤다. 고민 없이 열매를 멀리 던져 버렸다.

26

금요일 마지막 수업이 끝났다. 밀알관에서 바라보는 태양은 붉은빛을 발하며 구름에 걸려 있다. 에덴의 주인을 본 이후로 철원 사택에서 일요일 밤을 보냈다. 주일 일정을 마치면 차를 끌고 한적한 곳을 찾았다. 한탄강이 흐르는 철원은 홀로 시간을 보낼 만한 장소가 많았다. 깨끗한 벤치에 앉아 주상절리를 감상하며 성경에 젖어 있던 머리를 식혔다. 한동안 사택에서 밤을 보내며 그는 나타나지 않았지만, 명치를 옥죄어 오는 고통은 점점 심해졌다. 처음에는 체한 것처럼 식도부터 위까지 음식물이 걸려 있는 듯했다. 열 손가락을 바늘로 찔러 피를 뺐다. 붉은 피가 손톱 사이를 물들였다. 그러나 명치의 고통은 사라지지 않았다.

철원으로 가기 전 병선은 할 말이 있는 듯 저녁을 먹기 위해 선우를 데리고 학교 밖으로 나왔다. 초저녁부터 노원역에는 사람들이 어깨를 부딪치며 지나다녔다. 괜찮은 식당을 찾아 거리를 배회하며 병선은 걱정스러운 말투로 선우의 안부를 물었다.

"요즘은 괜찮아 보이네."

"그런가?"

"그래 보여. 사역 시작하고 초반에 힘들어했잖아. 무슨 헛소리도 하고."

"그 후로 나타나지는 않더라고. 그냥 꿈이었을 거야."

"그래. 꿈을 꾼 거겠지. 네가 주일날 기숙사에 오지 않으니까 좀 심심해. 사택이 편해?"

"주일에 사택에서 쉬고 아침에 오는 게 나아. 요란한 전자기타 소리에 깨지 않아도 되고."

"좋아 보이니깐 다행이네. 그리고….''

 병선은 말을 꺼내려다 말았지만, 그날 일에 대해 몇 가지 묻고 싶어 했다. 망설이는 병선의 궁금증을 짐작이라도 한 듯 선우는 되물었다.

"뭐가 궁금한데?"
"음, 머리 긴 남자가 말한 예수님은 에덴에서 어떤 존재였는데?"
"예수도 우리와 같은 인간이었는데 자신이 십자가에 못 박아 죽였다고 했어."
"이유가 뭔데? 왜 죽였는데?"
"신이 되려고 해서 죽인 것 같아."
"신이 되려고?"
"아마도 그의 눈에 예수는 자신을 팔아 에덴 사람들을 현혹하는 것처럼 보였을 거야. 스스로 신의 아들이 된 예수를 제자들과 사람들이 신으로 추앙하는 꼴이 보기 싫었겠지? 그래서 십자가에 못 박아 죽인 것 같아."
"예수님이 하나님의 아들이 아니라는 거야?"
"그거야 알 수 없지. 어쨌든 우리와 같은 인간이라고 했었던 것 같아."
"그럼 대속의 의미는 어떻게 되는 거야? 우리는 왜 메시아라고 알고 있지?"
"그 덕에 신이 됐다고 했어. 결국 대속 사건으로 예수는 신이 된 거지. 그렇게 에덴의 신이 둘이 된 거야. 원래 주인과 예수."
"그렇다면 머리 긴 남자는 예수를 죽이면 안 되는 거 아니었어?"
"아마도 그렇겠지. 그도 예수를 십자가에 못 박아 죽인 걸 후회하는 것 같았어."

"후회?"

"에덴 사람들은 그의 종으로 살고 있다고 했어. 물론 예수도 그랬었지. 그들은 주인을 위해 제물과 제사를 드려야 했어. 그리고 자유롭게 생각하고 판단할 수 없었어. 주인이 정해 준 삶대로 살아야 했는데, 예수는 그동안 그가 했던 말을 빌려서 자신을 신격화한 거야. 에덴의 주인 입장에서 예수는 눈엣가시였겠지? 결국 예수를 추앙하는 몇몇을 제외한 에덴 사람들은 예수를 의심하게 했고 그것을 증명이라도 하듯 스스로 십자가에 못 박히게 한 거야."

"그래서 예수님이 에덴의 주인인 그에 의해 죽었다는 거잖아!"

"물론 말도 안 되지. 그런데 동침하지 않은 여자의 수태에서 생명이 태어날 수 있어? 그리고 예수가 신이 된 시점은 태어났을 때가 아니었어. 심지어 베드로도 예수를 부인했잖아. 결국 십자가에 죽임을 당한 이후에 기록에 의해 신이 된 거야."

"만약 그렇다고 해도 우리는 성경을 믿어야 하는 거 아냐? 이사야서에 예언도 있잖아."

"어떻게 믿어? 아무것도 생각하지 않고, 판단하지 않고 믿어? 에덴의 주인도 웃을 거야. 예수를 믿는 것은 에덴을 떠난 죄인임을 인정하는 거야. 마리아가 처녀일 수는 있어도 동침하지 않고는 생명이 자랄 수 없어. 언젠가 주인은 예수를 믿는 인간들 모두를 죄인으로 만들 거야. 예수는 부활하지 않아! 그가 그렇게 말했어. 에덴에서는 예수를 따르는 인간들을 믿음의 미끼로 이용할 뿐이야. 순진한 그들은 예수의 제자들처럼 에덴을 떠나거나 쫓겨나겠지. 그리고 에덴 밖에서 비참히 죽거나 혼자가 될 거야. 어쩌면 예수의 죽음은 우리를 길들이기에 더없이 좋아."

"선우야, 우리는 원래 죄인이었어."

"열매를 따지 않으면 죄인이 아니라고 했어. 죄인만 에덴을 떠난다고 했어. 아마도 그는 믿는 자에게 한 번의 기회를 줬을 거야. 형의 열매도 에덴동산 어딘가에 있을지 몰라."

"전에 말했던 열매?"

"어. 머리 긴 남자가 에덴을 떠날 때, 열매를 갖고 가라고 했어. 열매로 네가 원하는 것을 하라고 했어. 에덴에서는 예수처럼 죽을 수 없다면서 고통만 더할 거라고 했어."

"열매가 뭐야? 선악과를 말하는 거야? 선우야. 예수님처럼 죽을 수 없다고 했잖아. 우리는 예수님을 믿는 존재들이야. 언젠가 다시 오실 예수님을 믿어야 해."

"그게 아냐. 이미 예수는 죽었어. 오지 않아. 예수는 어디에도 없어. 그러니깐 죄를 용서할 신은 없어! 절대 열매를 따면 안 돼! 에덴의 주인은 복종하지 않는 인간에게 열매를 따라고 유혹하고 있어! 형이나 나 열매를 따는 순간 죄에서 자유로울 수 없어!"

"알았으니깐. 목소리 좀 낮춰. 어쨌든 지금 한 말은 다른 사람한테 하지 마! 알았지?"

"누구한테 하겠어? 그런데 형도 열매 나무를 봤어?"

"어? 열매 나무?"

철원으로 가는 어둑해진 지방도로로 디젤차가 굴러간다. 그리고 선우는 헤드라이트에 비친 도로를 보며 병선과의 대화를 곱씹었다.

"형도 분명 내가 미쳤다고 생각할 거야. 괜히 말했어. 여기저기 떠벌리고 다닐 게 뻔해. 모두가 날 미쳤다고 생각하면 어떡하지? 아니야. 나한테 말하지 말라고 했으니, 형도 말하지 않을 거야. 그런데 오늘 밤도 그놈은 창문 주변을 돌아다니겠지! 어떤 놈이지? 머리 긴 그놈인가? 목구멍에 뭐가 걸린 것처럼 소화가 안 돼. 명치가 아파."

처음에는 위경련처럼 배가 아픈 것 같지만, 정확히 명치와 수평을 이루는 등까지 통증이 이어진다. 마치 길고 커다란 못이 관통하고 있는 듯하다. 식도부터 위장까지 가득 막혀 있는 것이, 물을 마셔도 내려가지 않는다. 무엇보다 명치에 꽂힌 쇠말뚝은 모든 신장의 기능을 마비시킨다. 열을 빼앗긴 손발은 차가워진다. 피부조직은 죽은 사람처럼 창백해지고 근육과 인대가 끊어진 것처럼 관절 마디마디에 힘이 들어가지 않는다. 약간의 음식물이라도 들어가면 명치에서 걸린다. 할 수 있는 것은 통증이 사라질 때까지 몸을 웅크리고 바닥을 구르는 것뿐이다.

선우는 통증이 심해지기 전에 액셀을 세게 밟았다. 움켜쥐고 있던 명치에 스멀스멀 쇠말뚝이 박히는 것 같았다. 헛구역질을 연신 토해 대며 끊임없이 마른기침을 뱉었다. 철원군 초입에 들어설 때쯤 야간 훈련을 하는 군용 차량이 시골길을 지나가고 있었다. 차선을 벗어나지 않기 위해 핸들을 굳게 잡은 채 꼬불꼬불한 논두렁길을 빠져나왔다. 자정까지 몇 시간은 남았지만 동송읍의 대부분 가게는 간판 등이 꺼져 있었다. 우뚝 솟은 교회 십자가만 등대처럼 어둠을 밝히고 있었다. 곧 교회 마당으로 디젤엔진 소음을 내며 선우의 차가 들어왔다. 기다시피 운전석에서 나와 몸을 웅크린 채 사택 현관문을 열었다. 그대로 거실 바닥에 쓰러졌다. 메스로 명치를 도려내고 싶었다. 신음 소리를 내며 몸을 따듯하게 해야겠다고 생각했다. 보일러 온도 조절기에 손을 뻗어 최대 온도까지 스위치를 돌렸다. 그리고 벽에 기대 명치에 박힌 쇠말뚝을 뽑아내기라도 하듯 손끝으로 명치뼈를 세게 당겼다. 어떻게든 통증을 줄이기 위해 애를 썼지만 잦아들지 않았다. 주먹을 쥐고 망치로 내리치듯 명치를 때렸다. 차라리 살이 찢어지거나 뼈가 부러지는 것이 더 나았다.

"빌어먹을! 칼로 도려내고 싶어. 그러면 고통이 사라질 것 같아. 우선 몸을 뜨겁게 해야겠어. 아예 명치에 끓는 물을 부어 버리면 괜찮아지지 않을까?"

선우는 욕실로 기어갔다. 변기통에 간신히 앉아 입고 있던 옷을 모두 벗어 거실로 던졌다. 맨살을 드러낸 채 샤워기를 틀었다. 곧 욕실 창문에 김이 서리며 뜨거운 물이 나왔다. 화상을 입을 정도로 뜨거웠지만 피부에 닿는 고통보다 명치의 통증이 더 컸다. 어깨부터 복부와 등을 타고 흐르는 물은 굳어 있던 몸을 조금씩 유연하게 만들었다. 피부가 벗겨질 것처럼 뜨거웠지만 멈출 수 없었다. 호스 기를 잠그면 그전에 느끼지 않았던 통증까지 전해질 것 같았다.

"살갗이 벗겨지겠어. 그래도 화상을 입고 통증을 줄이는 게 나아. 물이 더 뜨거웠으면 좋겠는데, 물을 끓여 볼까?"

물기도 닦지 않은 채 욕실을 나왔다. 거실 바닥에 물이 흥건하게 떨어졌다. 피부가 붉게 익어 가는 동안 방바닥도 따듯하게 데워졌다. 몸에 붙어 있던 열기는 김을 뿜어 대며 거실 창문에 서렸다. 열이 조금씩 돌기 시작한 몸은 가스레인지까지 걸어갈 수 있었다. 냄비에 물을 붓고 불을 켰다. 그리고 방에서 이불을 가져와 몸을 덮었다. 물이 데워질 때까지 벽에 기대고 앉아 불을 지켜봤다.

"뜨거운 물을 부었더니 통증이 조금 가라앉았어. 끓인 물이 샤워기 물보다 뜨겁겠지? 냄비째 명치에 부으면 쇠말뚝도 뽑힐 거야."

냄비에서 김이 오르며 물이 끓기 시작했다. 그 사이 몸에 있던 열이 식었다. 달궈진 피부 속에 숨죽이고 있던 쇠말뚝은 다시 명치를 파고들었다. 배를 움켜쥐고 냄비 쪽으로 다가가 끓는 물을 내려다봤다. 피부를 녹여낼 만큼 매섭게 기포를 터뜨리고 있었다. 그대로 명치에 부으면 살갗이 벗겨질 것 같았다.

가스 불을 끄고 수건 한 장을 가져왔다. 고무장갑을 끼고 끓은 물에 수건을 이리저리 적셨다. 그리고 물기를 조금 남긴 채 수건을 짰다. 호흡을 길게 하고 곱게 핀 수건을 명치에 가져다 댔다. 살갗에 닿자마자 피부를 뚫고 명치까지 열이 전달됐다. 금방이라도 피부를 벗겨내고 수포가 올라올 것 같았다. 명치에 박힌 쇠말뚝이 흔들릴수록 선우의 배엔 붉은 점들이 생겼다.

"통증이 조금씩 가라앉고 있어. 이대로 잠들면 돼."

끓인 물을 이불 옆에 두고 수건을 적셔 명치에 가져다 댔다. 물이 식으면 다시 가스 불에 데웠다. 그리고 뜨거운 물에 적신 수건을 명치에 댔다. 수십 번을 반복하고 나서야 몸에 열이 퍼졌다. 언제 그랬을까 싶을 정도로 팔다리가 반듯하게 펴졌다. 평안히 잠들 수 있었다.
자정을 넘긴 철원의 밤은 고요하고 평온했다. 평야에서 불어오는 바람은 동송읍 골목을 이리저리 헤집고 다녔다. 거실 벽면에 걸려 있는 교회명이 적힌 시계 초침은 적막한 방 안을 돌며 째깍째깍 소리를 냈다. 방이 차가워질 때쯤 온도 조절기에 빛이 들어오며 보일러에 불이 붙었다. 명치에 가져다 댄 수건은 차갑게 식었다. 옆으로 걷어치우자, 명치부터 복부, 배꼽까지 붉은 자국이 남아 있었다. 몇 군데는 수포가 맺혔다. 그럼에도 선우는 한동안 깊은 잠에 들 수 있었다.

시계가 4:30을 가리키자, 익숙한 듯 복부에 올라온 수포를 손끝으로 만지작거리며 잠에서 깼다. 거실로 나가 보니 옷가지가 널브러져 있었다. 형광등을 켜고 명치를 내려다봤다. 밤사이 누군가와 심하게 싸운 듯 군데군데 붉은 점들이 새겨져 있었다. 한숨을 깊이 내쉬었다. 그리고 바닥에 떨어진 옷을 주섬주섬 주우며 말했다.

"새벽예배 갈 시간이네."

걸을 때마다 셔츠가 수포에 닿았다.

27

1부 예배가 끝나면 성제는 차량 봉사를 나간다. 그리고 교회에서 할 일을 찾지 못한 선우는 스타렉스 보조석에 앉아 있다. 둘은 연수구에 사는 권사님 몇 분을 태우러 갔다. 날씨가 풀린 거리는 나들이 나온 가족과 무리 지어 자전거 타는 아이들로 가득했다. 선우는 창문을 열고 따뜻한 햇살을 맞으며 말했다.

"지금 하는 일은 할 만해?"
"그냥 하는 거지. 뭐라도 해야 먹고살지. 언제까지 부모님이랑 같이 살 수 없잖아. 결혼도 해야 하고."
"누구? 혜령이?"
"어. 너 알고 있었어?"
"뭐, 대충은 알고 있었지. 처음 봤을 때부터 둘이 붙어 다녔잖아."

"날짜 잡히면 말해 줄게."
"그래. 시험은?"
"됐어. 그만할 거야. 넌 1년 휴학한 거야?"
"어."
"몸은? 아파서 사역 그만뒀다며? 은혜한테 들었어. 무슨 일 있었어?"
"아니. 아무 일 없었어."
"그래? 지금은 괜찮아?"
"어, 괜찮아."

한동안 선우와 성제는 아무 말 없이 창문으로 들어오는 봄바람을 맞았다. 그리고 연수구에 사는 권사님 집에 거의 다 왔을 때, 선우는 말했다.

"야! 실제로 예수 본 적 있냐? 살아 있거나 부활한 예수."

성제는 권사님의 집을 찾느라 선우의 말을 제대로 듣지 못했다.

"뭐라고? 잠깐만! 이쯤에 계신다고 하셨는데."
"실제로 신을 본 적이 있냐고?"
"신? 무슨 신?"
"아니야."

선우는 말을 멈추고 보조석 창문으로 권사님을 찾았다. 성제는 어디론가 전화를 걸더니 권사님의 위치를 확인했다. 실랑이 끝에 좁은 골목길로 차를 몰고 들어갔다. 허름한 빌라 앞에 곱게 단장한 권사님은 겨드랑이에 성경책을 끼고 있었다. 머리카락은 희고 눈가와 이마에 주름이 들었지만 정정해 보였다. 성제는 조심스럽게 자동차 한 대가 겨우 지나다닐 만한 골목길을 지나 권사님 앞에 차를 세웠다. 선우는 재빨리 보조석에서 내려 슬라이딩 문을 열고 권사님이 탑승할 때까지 안내해 드렸다. 무릎을 잡고 스타렉스에 앉는 것을 확인하고 문을 닫았다. 후진으로 좁은 길을 서서히 빠져나와 10분 남짓 걸리는 장소로 이동했다. 그리고 성제는 권사님에게 공손히 인사드렸다.

"권사님, 한 주 동안 잘 지내셨어요?"
"네, 잘 지냈어요. 청년들이 고생이 많아요. 옆에 탄 청년은 처음 보는데 누구예요?"
"네. 우선우라고 합니다."
"선우는 신학생이에요. 작년까지 철원에서 사역하다 사임했어요."

성제는 선우의 대변인이라도 되는 듯 말했다. 성도들 중 선우를 알고 있는 사람은 드물었다. 신학교에 입학한 뒤로 교회와는 멀어졌고 철원으로 사역을 나가면서 일면식도 갖지 못한 사람들은 많았다. 그러나 신학교를 다니고 있다는 성제의 말에 권사님은 선우에게 관심을 보였다.

"아, 그럼 몇 학년이에요?"
"3학년 마치고 지금은 휴학 중이에요."
"그럼 4학년이네요?"
"네. 휴학 중이에요."
"4학년 마치고 대학원까지 4년 남은 거네요?"
"네….""
"휴학은 왜 했어요?"

"아, 그냥 몸이 안 좋아져서요."
"무슨 일 있었어요?"

은혜를 찾아온 이후로 계속해서 들어왔던 질문이었다. 선우는 미간에 힘이 들어갔다. 위경련이 심하게 와서 사임했다는 것 외에는 어떤 말도 할 수 없었다. 에덴의 주인을 만났다고 하면 이상하게 보거나 미친 사람으로 소문날 게 뻔했다. 그간의 평온이 가뭇없이 사라지는 듯했다. 명치를 바늘로 찌르는 통증이 느껴졌다. 대답을 주저하고 있는 선우를 대신해 성제는 또다시 대변인이 되었다.

"위경련 때문에 휴학했대요."
"아, 위경련? 많이 아프다고 하던데, 뭐가 제일 힘들었어요?"
"아니요, 그냥 제가…."
"지금은 괜찮아요."
"네. 괜찮아지고 있어요."

권사님의 질문은 다음 장소로 이동하는 내내 그치지 않았다. 질문에 대한 대답은 에덴의 주인을 제외하고는 설명하기 어려웠다. 쇠말뚝이 명치를 조금씩 조여 오는 것 같았다. 성제는 선우가 불편한 것을 눈치채고 권사님께 말을 걸었다.

"요즘 권사님은 교회에서 별일 없으시죠?"
"항상 감사한 마음으로 신앙생활하고 있어요. 우리 아들딸 시집, 장가 다 보내고 이제 남편만 하나님 믿으면 더할 나위 없을 것 같아요. 기도 부탁드려요."

"네, 교회 나오실 수 있도록 기도할게요."
"그래요. 고마워요."

큰 사거리가 나올 때까지 스타렉스 안은 조용했다. 성제는 좌회전 신호를 받기 전 권사님께 길을 물었다.

"권사님. 저기 사거리 좌회전해서 들어가면 되죠?"
"맞아요. 저기 보이는 아파트로 들어가면 돼요."

낡은 아파트는 차단기가 올라가 있었고 경비실에는 사람이 없었다. 야외 주차장은 연식이 오래돼 보이는 자동차 몇 대가 주차되어 있었다. 성제는 동 호수를 확인하기 위해 권사님께 전화를 걸었다. 한 손으로 핸들을 잡은 채 분주하게 아파트 이곳저곳을 살폈다. 그 사이 뒷좌석에 앉아 있던 권사님은 선우에게 다시 말을 걸었다.

"그럼 전도사님은 언제부터 예수님을 믿기 시작했어요?"
"아, 전 모태신앙이에요."
"모태 신앙이시면 부모님도 교회 다니시겠네요?"
"어머니만 다니시고 아버지는 안 다니세요!"

선우는 퉁명스러운 말투로 대답했다. 더 이상 권사님이 궁금증을 품지 않기를 바랐다. 솔직한 마음으로 말하고 싶었다.

'전 예수를 믿지 않아요. 에덴의 주인을 만났거든요. 아마도 그가 하나님인 것 같아요. 그는 자비가 없고 인간을 사랑하지 않는 듯 보였어요. 질투가 심했어요. 또한 십자가에 못 박힌 예수를 닮아 가는 인간을 좋아하지 않았어요. 예수를 닮은 인간에게 선악과를 따 먹도록 유혹했어요. 죄인으로 만들어 에덴에서 쫓아내려 했어요. 열매는 절대 따면 안 돼요. 그가 죄인으로 만들 거예요. 물론 전 열매를 따지 않았어요. 그러니 죄인이 아니에요. 그러니 권사님도 지금처럼 에덴에 남아 있어요. 에덴의 주인이 권사님께 바라는 건 조용히 열매 나무를 가꾸는 거예요. 앞으로 예수를 닮아 가는 사람을 궁금해하지 마세요. 그럼에도 알고 싶다면 예수의 뜻대로 에덴을 떠나 구원자가 되세요. 다만 주인은 떠난 이들을 죄인 취급하며 죽음을 면치 못하게 할 거예요. 영생하길 원한다면 지금처럼 그에게 예물과 제사를 드리세요. 그러나 전적으로 믿지는 마세요. 권사님이 사는 에덴은 구원이 필요하지 않은 곳이니 구원자에 대해 궁금해할 이유도 없어요.'

권사님은 아파트 입구에 서 있는 다른 권사님을 물끄러미 바라봤다. 성제는 권사님 앞으로 스타렉스를 주차하고 선우에게 슬라이딩 문을 열라는 듯 눈치를 보냈다. 옆문을 밀어 젖히고 권사님 옆자리로 안내했다. 선우의 감정 실린 말투에 성제도 놀란 눈치였지만, 내색하지 않았다. 차 안은 교회로 가는 내내 조용했다. 두 권사님이 내린 후 그들은 선우의 빌라 지하 주차장으로 내려갔다. 오랫동안 사용하지 않았던 곳이라 빗물이 고인 채 군데군데 곰팡이가 피어 있었다. 담배 두 개비를 꺼내 불을 붙였다. 천장으로 연기가 퍼졌다. 성제는 배를 움켜쥐고 있는 선우에게 말했다.

"권사님께 그렇게까지 말할 필요는 없었잖아."
"갑자기 명치가 아파서 그랬어. 대답하기도 곤란했고."
"권사님들께 잘해야 해. 그래야 너도 여기서 같이 살지."

"여기서 같이 살아?"

"그래. 은혜는 네가 여기서 사역하기를 원해."

"왜? 집하고 돈 때문에?"

"모르지! 어쨌든 너도 은혜랑 살 집하고 돈이 있어야 할 거 아니야!"

"난 여기서 살지 않을 거야. 떠날 거야. 그의 종으로 살고 싶지 않아."

"어디로 갈 건데? 은혜는 여기를 떠날 생각이 없어."

"알아. 할 수 없지. 조만간 혼자라도 여기를 떠날 거야."

"떠나서 뭘 하게?"

"새 토라를 만들 거야. 그리고 사람들을 데려올 거야. 에덴에 갇혀 있는 사람들 모두를 데려올 거야. 은혜는 그때 데려오면 돼."

"새 토라? 말도 안 되는 소리 좀 하지 마! 네가 이럴수록 주변 사람들만 힘들어져."

"너희는 속고 있는 거야. 토라에 기록이 없었다면 하나님의 존재는 신화에 불과했을 거야. 유대 민족이 다른 민족들처럼 멸망했다면 성경도 존재하지 않았을 거야. 인간은 신의 기록을 남기지 말았어야 했어. 충분히 스스로 살아갈 수 있었어."

"성경은 의도적으로 기록된 것이 아니야. 하나님의 영감으로 쓰게 하신 거야."

"그래서 토라를 새로 써 보려는 거야. 그가 어떻게 생각할지도 궁금하고. 새 토라가 5,000년 정도 지속되면 우리는 또 다른 에덴을 건설할 수 있어. 그리고 새 주인은 그 에덴을 관리할 거야. 모든 영감은 새 주인에게 얻으면 돼."

"선우야. 성경은 오랜 역사를 갖고 있어. 하루아침에 만들어진 게 아니야. 긴 시간 동안 여러 사람에 의해 기록됐잖아. 새 토라가 만들어진다 해도 5,000년을 지속될 수는 없어."

"왜?"

"역사가 없잖아. 시간 속에 신의 개입이 있어?"

"새 토라에 믿음이 생길 때까지 신의 음성을 담으면 돼. 그리고 곧 계시가 될 거야. 계시는 믿음이 될 거고. 구약을 기록했던 사람이 실제로 신을 만났다면 지금의 성경처럼 쓰진 않았을 거야. 그들은 신을 직접 대면하지 않았어."

"성경은 하나님과 직접 대화한 내용이 기록됐어!"

"기록한 자가 신을 만났다는 증거가 없잖아. 의도적으로 기록하지 않았다고 확신할 수 있을까? 성경이 기원전 5~6세기쯤에 쓰였다면, 당시 기록한 사람은 무엇을 근거로 작성했을까? 구전? 아니면 드물게 남아 있던 기록물? 신성과 민족성을 높이기 위해 가설을 더했다면?"

"그러는 넌 하나님을 직접 만나 봤어?"

"나? 난 직접 만났지. 눈앞에서."

선우는 에덴의 주인이 예수의 부활을 빌미로 인간을 에덴에 가두고 종으로 부린다는 사실을 말하고 싶었다. 진정 자유를 얻고 싶다면 벌거벗은 채로 에덴을 떠나야 했다. 새로운 토라가 구전으로 전달되거나 5,000년까지 지속될 가능성은 희박했지만, 에덴의 주인은 성경의 기록과는 다르게 인간에게 자유를 허락하지 않는다는 말을 하고 싶었다. 그러나 신의 울타리 안에서의 충실한 종은 고개를 저으며 연달아 담배를 피워 댔다. 그는 전부터 선우가 미쳤다고 생각하고 있었다.

"네가 에덴의 주인에 관한 이야기를 한다고 은혜한테 들었어. 나 또한 직접 하나님을 봤다는 얘기는 믿을 수 없어. 하나님은 그런 분이 아니야. 네가 만난 건 하나님이 아닐 수 있어. 기록은 거짓되지 않았어. 하나님께서 계시지 않았다면 유대민족은 멸망했을 거야. 성경은 하나님께서 실존하고 있다는 증거야. 네가 말한 새 토라에 믿음이 생기려면 누군가 한 명은 죽어야 해. 믿음이 죽음을 목격한 사람들의 기록으로 만들어진다면, 혹시 모르지! 네가 죽으면 새 토라의 주인으로 여겨질지도."

"음. 네 말이 맞아. 새 토라에 믿음이 생기려면 누군가는 죽어야 해. 그래야 구전에서 기록으로 남겨질 거야. 만약 새 토라를 믿는 민족이 멸망하지 않는다면 에덴의 주인에게 복종할 필요도 없어질 거야."

성제는 선우에게 담배 한 개비를 더 건네고 불을 붙여 줬다. 지하 주차장은 연기로 가득 찼다. 둘 사이에 정적이 흘렀다. 선우는 에덴의 주인을 만난 이후로 신의 존재를 믿었다. 더 이상 믿음의 증거를 찾아다닐 이유도 없었다. 그러나 막상 믿음을 의심하지 않았던 신을 믿고 싶지 않은 것은 자신을 신의 독재에 맞선 예수에게 투영했기 때문이다. 에덴의 주인은 치졸한 독재 군주에 불과했다면 예수는 예정의 늪을 파괴한 혁명가였다. 모두가 에덴을 떠나 자유를 얻어야 했다. 그 자유가 구원자, 제2의 예수가 되든, 향락에 빠져 사는 호색가가 되든 탄생과 죽음을 인정한 천국과 지옥이 없는 곳에서 균형을 이루며 개인의 삶을 살아야 했다.

성제는 담뱃재를 털고 꽁초에 불씨를 발로 밟았다. 가방에서 방향제를 꺼내 옷에 뿌리고 마저 남은 운행을 마치기 위해 교회로 올라갔다. 집으로 들어온 선우는 소파에 몸을 묻고 천장을 바라봤다. 은혜를 두고 에덴을 떠날 생각에 한숨이 쏟아졌다. 그녀는 며칠 전부터 중등부 교사를 자청하더니 주일에는 거의 볼 수도 없었다. 교회 건물 이곳저곳을 불이 나도록 뛰어다녔다. 선우는 어떤 이유에서 열심히 교회 일을 하는지 짐작하고 있었다. 언젠가 에덴의 사역자로 일하게 될 자신의 배우자와 앞으로의 삶에 대한 신의 은총이 끊어지지 않기를 바라는 심정으로 주인의 정원을 가꾸는 것이었다.

그러나 선우의 머릿속은 은혜를 데리고 에덴을 떠날 생각으로 가득 차 있었다. 그녀의 발목을 놓아주지 않을 신으로부터 쇠사슬을 끊어야 했다. 예물과 제사를 빠짐없이 드리는 충성스러운 그녀를 놓아줄 일은 없었다. 그녀는 신이 부여한 열매도 더욱 풍성히 가꿨다. 또한 주인의 품에서 평안을 누리고 있다. 선우는 에덴의 주인을 이길 수 없었다. 신을 이길 수 있는 것은 모두의 앞에서 신의 희생양으로 죽는 것뿐이었다. 에덴의 주인은 선우를 죽이지 않을 것이다. 극심한 고통을 안겨 주며 에덴을 떠나게 할 것이다.

선우는 예수처럼 죽을 수 없다면 새로운 토라를 만들어야 했다. 유대인은 신 앞에 지극히 충성스러운 기록을 남겼지만, 새 토라의 주인에 대해서는 그렇지 않을 것이다. 에덴의 주인은 자비를 베풀듯이 좌로나 우로 치우치지 말라고 했지만 결국 중심에 있는 자신만을 보길 원했다. 유대인들은 의심 없이 맹신했지만, 에덴의 주인은 의심 많은 욕심쟁이일 뿐이었다. 새 토라를 지어야 했다. 더욱 사실적인 신의 모습을 기록해야 했다.

훗날 에덴의 사람들이 떠나면 열매는 고운 빛을 잃고 시들어 갈 것이다. 홀로 남은 신은 황폐해진 에덴에 남아 자신이 만든 한 인간을 원망할 것이다. 우리는 에덴을 떠나 스스로 씨를 뿌리고 열매를 맺어야 할 것이다. 제2의 에덴의 주인은 우리가 되어야 한다. 새 토라를 만들어 에덴을 떠나야 한다.

"에덴을 떠나야 한다. 에덴을 떠나야 한다. 이곳을 떠나야 한다."

소파에 묻힌 선우는 눈을 감은 채 중얼거렸다.

"은혜와 함께 에덴을 떠나야 해. 지금쯤이면 중등부 예배가 끝났겠지. 식당에서 배식을 준비하고 있을 거야. 이마에서 땀이 흐르고 있잖아. 땀이 볼을 타고 가슴에 맺혔어. 흰 티셔츠가 땀에 젖었네. 은혜와 에덴을 떠날 수 있을까?"

주변은 고요 속에 묻혀 갔다. 밖에서 들려오던 아이들의 떠드는 소리가 줄어들었다. 동네를 돌아다니며 짖어 대는 주인 없는 강아지도 제집으로 돌아갔다. 마치 세상이 멈춘 듯 공기 속에 모든 입자가 얼어붙었다. 숨 쉬는 생명의 침묵 속에 시계 초침만 소리를 냈다. 선우는 깊은 늪에 빠진 사람처럼 몸을 움직일 수 없었다. 그리고 바늘로 명치를 콕콕 찌르는 에덴의 주인은 선우의 귓가에서 속삭이며 말했다.

"넌 죄인이야. 언젠가 죄인이 될 거야. 네게 무슨 일이 있었어?"

선우는 눈을 부릅떴다. 막힌 숨을 한꺼번에 뱉었다. 늪에서 빠져나오려는 듯 허우적대며 발버둥 쳤다. 거칠게 숨을 몰아쉬며 바닥으로 쓰러졌다. 에덴의 주인은 선우의 명치에 쇠말뚝을 박고 있었다. 서서히 등을 뚫고 나올 것처럼 온몸으로 고통이 퍼졌다. 그리고 신음하는 선우에게 그가 소리치며 말했다.

"에덴의 인간들은 내 거야! 아무도 데려갈 수 없어! 네 토라의 신을 믿는 인간들은 모두 죽일 거야. 신은 오직 나 하나야."

그는 등을 뚫고 나온 쇠말뚝을 휘저었다. 피를 토할 것처럼 고통스러웠다. 메마른 숨을 연신 뱉어 대던 선우는 은혜에게 전화를 걸었다. 신호가 끊길 때쯤 목소리가 들렸다.

"왜요?"
"지금 집으로 올 수 있어?"
"지금이요? 못 가요. 무슨 일 있어요?"
"위경련인 것 같은데. 명치에 쇠말뚝이 박혀서 너무 아파!"
"위경련? 갑자기요? 조금만 기다려요! 금방 내려갈게요."

선우는 핸드폰을 내려놓고 심호흡하며 에덴의 주인에게 말했다.

"곧 에덴을 떠날 거야. 고통당할 이유가 없어."
"에덴에서 열매를 제외하고 넌 아무것도 가져갈 수 없어!"
"난 무엇도 가져가지 않아. 사람들 스스로 에덴을 떠나게 할 거야. 새 토라의 신은 너랑은 다를 거야. 황폐해진 에덴에 혼자 남게 될 거야. 우리는 모두 신이 될 수 있어. 신은 너 하나가 아냐. 너도 한 사람에 의해 만들어졌을 뿐이야. 그동안 사라진 여러 신처럼 언제든 너도 사라질 수 있어."

에덴의 주인은 쇠말뚝을 휘저으며 말했다.
"그래서 새 토라의 주인이 누구지?"
"네가 죽인 예수. 그는 열매 나무가 없는 곳에서도 신이 됐어. 예수는 새 토라의 주인이 될 거야. 에덴 밖엔 이곳만큼 예수를 알고 있는 사람들은 많아. 누구든 예수가 될 수 있어. 앞으로 인간은 눈에 보이는 믿음을 쫓아갈 거야. 보이지 않는 믿음으로 시험받지 않을 거야."
"눈에 보이는 믿음을 언제까지 인간이 쫓아갈 수 있을 것 같아? 너희 족속은 분명히 우상을 만들 거야. 한순간이라도 믿음의 대가가 보이지 않는다면 예수 된 자를 찾아 죽일 거야. 그때마다 새 토라를 지키기 위해 희생양을 만들겠지. 네 목숨은 하나야. 어떤 인간도 예수처럼 희생양이 되길 원하지 않아. 인간은 절제가 없어! 소망 없이 짧은 쾌락에 젖어 살아가게 될 거야. 처음부터 너희에게 자유는 어울리지 않았어."

"인간의 자유를 신이 가질 이유도 없어. 영생은 신의 권한일 뿐 인간의 영역이 아냐. 우리는 생명을 탄생시키고 스스로 죽음을 맞이할 수 있어. 영생은 인간이 신을 믿게 하는 속임수일 뿐이야. 우리는 삶을 선택할 자유가 있어. 예수도 스스로 삶을 선택했어. 인간도 신과 같이 스스로 선택할 수 있어."

"너희의 선택은 항상 후회와 어리석음으로 남게 될 거야."

현관문에서 비밀번호 누르는 소리가 들렸다. 그녀는 식은땀을 흘리고 있는 선우에게 다가갔다. 반쯤 감긴 눈으로 은혜를 봤다. 명치에 꽂힌 쇠말뚝은 금방이라도 기절시킬 듯했다. 선우는 다급하게 그녀를 안으며 말했다.

"여기를 떠나야 해. 에덴을 떠나야 해!"
"그게 무슨 소리예요!"
"에덴의 주인이 나를 가만두지 않을 거야. 이곳은 고통밖에 없어. 일어나지 못할 거야. 몸은 비대해지고 근육은 깎여 나갈 거야. 관절 마디마디가 썩어 갈 거야. 걷지 못하게 될 거야. 고통 속에 몸부림치다 피부 가죽만 남긴 채 에덴 밖으로 던져질 거야. 그전에 이곳을 떠나야 해."

쇠말뚝은 선우의 명치에서 비틀리며 숨을 멎게 했다. 뜨거운 것이 필요했다. 화상을 입을 정도의 온기가 있어야 했다. 따듯한 살을 찾아 입술을 가져다 댔다. 그녀의 거친 숨이 다문 치아 틈새로 새어 나왔다. 바닥에 쓰러진 채 아무 말 없이 서로의 살을 비벼 댔다. 단단히 박혀 있던 쇠말뚝이 조금씩 부드러워졌다. 불을 지핀 것처럼 소파 밑이 뜨거워졌다. 속살을 드러낸 국부는 몇 차례 숨을 더 몰아쉬었다. 고통이 서서히 가라앉았다. 그리고 김이 서린 유리창 밖으로 뛰어노는 아이들의 발소리가 들렸다. 멈춰 있던 것들이 다시 움직였다.

방 안은 조용했다. 선우의 팔을 베고 뒤돌아 누워 있는 은혜의 등이 숨을 골라내고 있었다. 그녀는 천천히 몸을 일으켜 널브러진 옷을 주섬주섬 주었다. 그리고 현관문 옆에 걸린 거울에서 블라우스 단추를 잠그며 헝클어진 머리와 옷을 정리했다. 뒤로 젖힌 머리카락을 묶고 아무 일도 없었다는 듯 말했다.

"이제 괜찮아요?"
"뭐가?"
"배 안 아파요?"
"괜찮아."
"다행이네요."

은혜는 마저 옷을 정리하고 소파에 앉아 있는 선우의 무릎에 머리를 베고 누웠다. 가는 다리와 작은 발은 그녀를 더없이 사랑스럽게 했다. 그들은 한동안 조용히 소파에 있었다. 어색할 것 없는 평안한 침묵이 흘렀다. 그리고 은혜는 조심스럽게 말을 꺼냈다.

"에덴의 주인이 오빠를 못살게 해요?"
"아니."

"에덴의 주인이 가만두지 않을 거라고 했잖아요?"

"아파서 헛소리가 나온 것 같아."

"왜 여기를 떠나자고 했어요? 전에도 떠나야 한다고 했잖아요."

"보금자리를 구해야 한다는 얘기였어. 얼마 전에 집이 있었으면 좋겠다고 했잖아."

"그래요. 이제 괜찮으면 교회로 올라가 볼게요. 마저 끝내야 할 일이 있어요."

"알았어."

은혜는 현관문을 나섰다. 구둣발 소리가 점점 멀어져 갔다. 선우는 소파에 누워 명치를 만지작거렸다. 보이지 않던 그가 갑자기 나타난 것을 의아하게 생각했다. 그는 새 토라에 대해 말했다. 어느 곳에서든 자신을 감시했다. 끝까지 복종시키려는 신의 노력은 불구덩이에 담금질하듯 선우에게 지옥을 경험시켰다. 그러나 고통은 그녀에 의해 사라졌다.

'사망의 늪에서 자신을 건져낼 신의 선물이 은혜였다면, 고통도 예정되었던 것일까?'

28

교회로 올라가는 언덕은 가파르다. 가는 내내 숨을 헐떡여야 한다. 은혜는 선우의 집을 나와 교회를 오르며 에덴의 주인에 대해 생각했다. 그리고 식지 않은 몸에서 땀이 났다.

'에덴의 주인은 누굴까? 진짜 하나님일까? 그런데 왜 오빠를 힘들게

하지? 사탄이 아니고서야 고통스럽게 하지 않을 거야. 혹시 오빠가 하나님을 믿지 않는 걸까?'

29

    날이 조금씩 밝아 온다. 너덜겅 밑으로 몇 가구 안 돼 보이는 마을에 운해가 낮게 깔려 있다. 열매가 어디로 굴러갔는지 떨어진 지점을 살폈다. 열매는 보이지 않았다. 곧 있으면 해가 뜰 것이다. 도로에 차들이 많아지기 전에 집으로 돌아가야 했다. 운전석에 올라탔다. 요란한 디젤 소음을 내며 시동이 걸렸다. 액셀을 밟고 날이 조금 밝아진 지방도로를 막힘없이 달렸다. 열려 있던 창문을 닫자, 차 안은 조용해졌다. 선우는 에덴의 주인이 남기고 간 열매가 머릿속에서 맴돌았다. 에덴에 있어야 할 열매를 많이도 싣고 왔다고 생각했다.

    꿈이었을지, 실재했을지 그간 그의 흔적을 지우려 수천 번 기억을 뒤집고 덮었다. 그러나 몇 해가 지나고 나서야 그가 눈앞에 다시 나타났다. 기필코 에덴을 떠난 이를 죄인으로 만들어야 했을까? 열매를 가져 나오지 않은 선우는 새 토라를 만들지도, 예수처럼 죽지도 못했다. 어쩌면 열매를 먹고 죄인의 삶을 사는 것은 한 인간이 예수가 될 수 있는 망상에서 벗어나는 길일지도 몰랐다. 실상이 되지 않을 망상은 언제나 고통이었다. 쾌락을 좇으며 신 앞에 죄를 자복하고 용서받는 것은 신이 인간에게 평안을 주는 배려일 수 있었다. 건조한 삶에 생기를 넣는 것은 오직 신만이 할 수 있는 일이었는지도 몰랐다. 기억을 더듬으며 생각을 뒤집고 있던 선우는 중얼거리며 혼잣말을 했다.

"너덜겅에 던진 열매가 환상이 아니라면 여전히 그 자리에 있을 거야. 꿈을 꾼 것이 아니라면 열매는 어딘가에 있을 거야. 다시 돌아가서 확인해 볼까? 왜 열매가 앞쪽에 떨어져 있었지? 곧 날이 밝을 텐데. 엄마가 걱정할지 몰라."

선우는 열매를 확인하기 위해 너덜겅으로 돌아갈지 고민했다. 그때, 어머니에게서 전화가 왔다.

"어디니?"
"잠깐 나왔어."
"언제 들어오려고?"
"곧 갈 거야. 자고 있어."
"밤중에 어디를 간 거니?"
"자고 있어. 금방 갈게."
"조심히 와."

어머니는 언젠가부터 아들의 행방에 대해 깊이 묻지 않았다. 마치 살아 있는 것만으로도 감사함을 느끼는 것 같았다. 인천을 떠난 후 정신 나간 사람처럼 이곳저곳을 떠돌아다녔던 선우는 누군가에게 쫓기는 사람처럼 보였다. 전화라도 하면 신경을 곤두세웠다. 어머니가 아들을 다시 볼 수 있었을 때는 빌라로 이사 온 후였다.

고민을 마친 선우는 차를 돌려 열매가 있던 장소로 갔다. 도로 갓길에 주차하고 너덜겅이 보이는 가드레일로 걸어갔다. 풀숲은 눈으로 식별이 가능할 정도로 날이 밝아 있었다. 떨어진 지점에 시선을 고정하고 가드레일을 넘어 열매를 찾아 내려갔다. 가시나무가 팔과 다리를 스치며 상처를 냈다. 가파른 경사로 밑으로 신발에 눌린 흙이 절벽으로 떨어졌다. 내려갈수록 촘촘한 가시덤불은 볼과 눈썹을 할퀴었다. 조금만 발을 헛디뎌도 미끄러질 것 같았다. 하지만 손에 느껴졌던 열매의 감촉과 빛깔은 분명 환상이 아니라고 확신했다. 또한 베어 물고 싶다는 충동도 지울 수 없었다.

절벽 끝에 다다랐을 때 낭떠러지 밑으로 잔가지들이 떨어졌다. 더 이상 내려갈 곳이 없었다. 멈춰 서서 주변을 살폈다. 열매는 보이지 않았다. 그 자리에서 한참 동안 열매를 찾았다. 흙에 쓸려 떨어졌을까 싶었다. 한 손으로 나무를 힘껏 잡고 절벽 밑으로 고개를 뺐다. 유심히 아래를 훑어봤지만, 열매는 보이지 않았다.

나무 밑동을 지지대 삼아 등을 기대고 흙바닥에 앉았다. 고개를 들어 보니 산에 걸쳐 있는 운해와 오밀조밀 붙어 있는 작은 마을이 번갈아 보였다. 곧이어 정상에서 미명을 깨고 태양이 고개를 들기 시작했다. 천천히 숨을 골라내며 붉은빛이 발하는 하늘을 지켜봤다. 그리고 이제는 집으로 돌아가야겠다고 생각했다. 열매는 환상이었고 그도 자신이 만든 허상에 불과했다고 그간의 기억을 지웠다. 자리에서 일어나 바지에 묻은 흙을 털어내고 내려왔던 숲길을 다시 올랐다. 나무를 붙잡고 한 발 한 발, 발을 디뎠다. 이마에 맺힌 땀방울이 볼을 타고 떨어졌다. 내려왔던 길을 올려다보니, 한참을 내려온 듯했다. 노란색 가드레일은 보이지 않았다. 무작정 가시 박힌 나뭇가지를 헤치며 위로 올라갔다.

가시덤불이 살을 파고들며 여기저기에 작은 상처들을 냈다. 그리고 숨이 턱까지 찬 자리에 서서 가드레일이 보이는지 고개를 들었다. 몸무게를 버티지 못하고 발이 흙 속에 묻혔다. 숲으로 뒤덮인 주변은 어디를 둘러보아도 내려온 길을 찾을 수 없었다. 다시 흙바닥을 짚고 무작정 위로 올랐다. 경사진 너덜겅은 한 발 떼기에도 숨이 찼다. 땀이 윗옷을 적시고 힘이 다 닳아갈 때쯤 태양에 반사되어 영롱한 빛을 띠는 무언가가 눈에 비쳤다. 나뭇가지 사이에 박힌 열매는 알록달록한 색을 내며 침샘을 자극했다.

선우는 물기 없는 마른 숨을 연신 내쉬며 열매에 손을 뻗었다. 손바닥으로 느껴지는 감촉은 매끈하고 탄탄한 느낌이 들었다. 목이 한참 말라 있었기에 열매를 베어 물고 싶다는 충동을 강하게 느꼈다. 그러나 쾌락을 맞이하기 전 망설여지는 것은 죄인의 삶이 신 앞에 어쩔 수 없이 복종해야 하는 것이다. 열매를 먹은 죄인이 믿음을 증거하지 못한다면 에덴으로 돌아갈 수 없을 것이다. 선우는 에덴을 떠났지만, 에덴으로 다시 돌아가기 위해 증거하지 않아도 되었던 믿음을 증거해야 할 것이다.

'왜 그는 열매를 흘리고 갔을까? 열매를 먹고 나면 성경에 기록된 대로 에덴에서 쫓겨나는 것인가? 손안에 들린 열매가 실재한다면 환상은 아닐 것이다. 이토록 그가 주변을 맴돌았던 이유는 무엇일까? 만약 열매를 먹고 죄인이 된다면 더 이상 나타나지 않을까? 분명 죄를 씻기 위해 응답하지 않을 신을 찾게 될 것이다. 그의 뜻대로 인간이 죄를 지어야 한다면 열매를 먹지 않고 죄 없는 신과 같아지는 것이 나을 것이다. 쾌락 없는 건조한 삶을 얼마나 버텨낼 수 있을까? 열매를 먹지 않고 믿음을 증거하기 위해 복종하지 않는 것이 낫지 않을까? 복종은 믿음의 증거가 될 수 없을 것이다. 죄의 무게를 견디지 못하는 인간은 신을 찾아갈 뿐 신은 인간의 믿음을 끝없이 시험할 것이다. 신을 떠나는 것이 믿지 않음의 증거가 된다면 믿지 않음에 대가로 열매를 먹은 죄인에게 신의 은총은 없을 것이다. 신의 고심은 언제나 복종하지 않는 죄 없는 인간에게 열매를 먹이는 것이다. 열매를 먹어야 할까?'

에덴의 주인은 따 먹지 않은 열매 때문에 여전히 선우가 에덴에 남아 있다고 했다. 결국 열매를 먹게 된다면 그로부터 받아야 할 고통도 완전히 끊어지게 될 것이다. 신의 아들 예수처럼 될 수 없다는 것을 알고 있다. 그러나 그동안의 수고가 열매를 베어 무는 순간 사라지고 말 것이다. 새 토라는 먹을 묻히기도 전에 사라질 것이다. 열매는 먹어야 할까?

바지 주머니에 열매를 넣고 너덜겅을 올랐다. 온몸이 땀으로 축축해질 때쯤 풀숲 사이로 노란색 가드레일이 보였다. 무거운 몸으로 흙을 짓이기며 곧장 차가 있는 곳까지 발을 내디뎠다. 날은 완전히 밝아졌지만, 산을 깎아 만든 국도는 한산했다. 도롯가에 서서 주머니에 넣어 두었던 열매를 손에 올려놓았다. 탐스럽고 달콤해 보였다. 베어 물고 싶었다. 그리고 실재한 열매를 보며 선우는 미소 지었다. 어쩌면 신의 존재를 증거할 수 있었다. 당장에 에덴으로 달려가 은혜에게 보여 주고 싶었다. 함께 열매를 먹고 에덴을 떠날 수 있을 것 같았다. 하지만 그녀는 에덴을 떠나지 않을 것이다. 신의 여자가 된 은혜는 에덴을 떠날 수 없을 것이다. 신에게 복종하지 않는 선우를 반기지 않을 것이다. 여전히 제정신이 아니라고 생각할 것이다. 힘겹게 건져 올린 열매를 다시 너덜겅으로 던져 버리고 싶었다. 미간이 굳어지며 열매가 쪼개질 것처럼 세게 쥐었다.

차라리 열매를 먹고 죄와 용서의 경계에서 쾌락을 먹고 사는 것이 나을지 몰랐다. 죄인이 되어 다른 여자를 품는 것이 나을 수 있었다. 열매를 당장이라도 베어 물고 싶었다. 목구멍으로 침이 넘어갔다. 매끄러운 피부를 드러낸 열매는 선우를 유혹했다. 천천히 입으로 가져갔다. 누런 치아가 열매의 속살을 마중 나오고 있었다. 그때 멀리서 자동차 엔진음이 들렸다. 반대편 차선에서 경적을 울리며 승용차 한 대가 지나쳤다. 멀어지는 차는 하염없이 경적 소리를 냈다. 선우는 집으로 돌아가고 싶었다. 졸음이 쏟아졌다. 자고 싶었다. 보조석에 열매를 올려놓고 시동을 켰다.

30

 그날 이후로 집 밖을 나가지 않았다. 어머니가 출근하면 어김없이 은혜는 현관문 비밀번호를 누르고 들어왔다. 깎지 않은 머리카락과 수염이 덥수룩하게 얼굴을 덮고 있었다. 한동안 둘의 대화는 에덴을 떠나야 한다는 말로 시작했다. 그때마다 은혜는 물었다.
 '어디로 떠나야 해요?' 선우는 대답했다. '에덴 밖으로.'

"에덴 밖이 어디예요?"
"주인 없는 곳. 그리고 새 토라에 대해 사람들에게 알려야 해. 에덴 사람들도 데리고 떠날 거야."
"왜요? 왜 그래야 하는데요?"
"불쌍하잖아. 모두 속고 있는 거야. 신은 우리 기도를 듣지 않아. 복종과 예배만 원할 뿐이야. 믿음으로 얻을 수 있는 건, 사실 아무것도 없어… 아니지! 너도 사람들을 지배하고 싶은 거잖아? 신의 아내가 돼서 예수를 핑계 삼아 권력을 누리고 싶은 거잖아? 그래 봤자 에덴을 떠나지 않는 이상 그의 종이나 다름없어. 주인의 명령에 따라 사람들을 의심하겠지. 의심은 죄를 낳고 죄는 두려움을 낳고 두려움은 복종을 낳아! 넌 의심을 피하고 싶어서 죄 없는 나를 선택했어! 날 사랑해서가 아니야! 예수야말로 우리를 가엾게 여기고 긍휼을 베풀었지. 에덴의 주인은 우리의 죄가 예수를 십자가에 못 박았다고 덮어씌웠어. 주인은 네가 드리는 예배를 당연하게 생각해. 그 대가가 죄 사함이라 알고 있지만 넌 처음부터 죄인이 아니었어. 그리고 신에게 사랑과 긍휼 따위는 없어."

 은혜는 조용히 듣고 있었다. 희번덕거리는 눈동자에 두려움이 가득한 선우가 마치 잡을 수 없을 만큼 어디론가 멀리 가 버린 것 같았다. 그녀는 감정에 동요되지 않았다. 그리고 에덴 이야기를 하는 선우에게 마음을 내려놓았다. 그가 떠나고자 하는 알 수 없는 곳에 가고 싶지 않았다. 이곳이 에덴이라면 그녀도 떠날 이유가 없었다. 그리고 선우의 말이 틀리지 않았다는 것을 증명이라도 하듯 그녀는 말했다.

"목회자가 된다고 해서 호감을 느꼈어요. 그래서 성제 오빠에게 물어봤어요. 그때 오빠가 다른 일을 했다면, 좋아하지 않았을 거예요. 그런데 언젠가부터 좋아하게 됐어요. 오빠는 처음부터 나를 사랑했잖아요? 그리고 내가 필요하잖아요! 왜 이렇게 됐는지 모르겠어요. 하나님께 순종하고 에덴에서 함께 있어요. 떠나지 말고 이곳에 살아요. 제발 여기에 있어요."

"난 여기와 어울리지 않아. 그의 에덴을 가꿀 수 없어. 우리의 에덴을 만들면 지금보다 행복할 거야. 에덴의 주인이 열매를 따 가라고 했어. 그것만 있으면 에덴 밖 어디서도 우리는 살 수 있어. 그리고 그곳에서 난 신이 될 거야. 넌 신의 아내가 될 거고. 하고 싶은 건 모두 누리며 살 수 있어."

선우는 누런 이를 드러내며 신이 되는 상상을 했다. 물기 없는 눈과 움푹 파인 볼, 손질하지 않은 수염과 머리카락은 마지막 죽음을 맞이하기 위해 골고다를 오르는 죄인의 모습과도 같았다. 그리고 핏기 없는 선우의 눈과 마주친 은혜의 눈에는 눈물이 고였다. 동요되지 않았던 마음에서 금방이라도 넘칠 것처럼 찰랑거렸다. 은혜는 자리에서 일어났다. 작은 발을 구두에 구겨 넣고 현관문을 나갔다. 구둣발 소리가 조금씩 멀어져 가더니 더 이상 들리지 않았다. 선우는 손등에 떨어진 눈물을 바라보며 중얼거렸다.

"음. 혼자 에덴을 떠나야 하네."

31

주먹으로 고통을 패듯이 사택 방바닥을 내리치고 있다. 명치에 박힌 쇠말뚝은 새벽예배가 시작할 때까지 잠들지 못하게 했다. 방 안 온도를 높이고 뜨거운 물을 몸에 부어 봤지만, 고통은 사라지지 않았다. 수건을 뜨거운 물에 적셔 배에 가져다 댔지만, 붉은 자국만 남았다. 목구멍에 단단히 박힌 무언가를 빼내려 토악질을 해 댔다. 방금 마셨던 물까지 쏟아 냈지만, 단단한 무언가는 나오지 않았다. 헛구역질을 하며 명치를 주먹으로 세게 쳐 보았지만, 시큼한 위액 맛만 느껴졌다. 고통은 멈추지 않았다.

"뭘 먹었지? 먹은 게 없는데, 명치에 못이 박힌 것처럼 죽을 것 같아! 숨이 끊어져도 고통은 남아 있을 것 같아. 더 이상 못 참겠어! 죽는 게 나을 것 같아."

죽음에 닿을 듯한 고통이다. 단말마의 때는 예고 없이 찾아왔다. 밤부터 새벽까지 끊어질 줄 모르는 통증의 밤은 여물기도 전에 상처를 냈다. 누구도 선우를 볼 수 없는 모두가 잠든 시간이다. 그럼에도 신의 손에 죽을 수 있다면, 바라는 것을 이룰 수 있었다. 고통의 끝이 소망처럼 느껴지는 것은 골고다에 오르기 전 예수도 고통을 당했다는 것이다. 그리고 죽음, 평안을 찾았다. 육체의 고통은 곧 끝날 것이다. 영의 고통을 짊어진 예수의 우편에 서서 죄지은 자들의 구원자가 될 것이다. 비명을 삼켜야 한다. 신의 길은 죽음, 평안으로 인도할 것이다.

"신은 날 옳은 길로 인도하고 있어. 에덴에서 죽음을 맞이할 수 있을 거야. 죽을 듯이 아프지만 스스로 숨을 끊으면 안 돼. 곧 고통은 끝날 거야. 평안해질 수 있어. 오늘이 마지막이길 바라. 이 고통을 아는 사람이 몇이나 될까? 모두가 나의 죽음을 지켜봐야 해. 아니지! 에덴의 주인이 아무도 모르게 고통을 줄 거라 했잖아! 그가 날 죽일 듯이 고통을 준다고 사람들에게 알려야 해. 그때가 되면 신도 날 죽일 수밖에 없을 거야. 나를 죽여 에덴의 믿음을 견고히 할 수밖에 없을 거야."

벽에 걸려 있는 시계가 오전 4시를 가리켰다.

"이제 새벽 예배에 가야 하는데, 힘이 없어. 몸을 일으킬 수 없어. 죽을 듯이 아파. 그래도 새벽예배에 가야 해. 고통을 보여 줘야 해. 신이 날 죽일 거라고 알려야 해."

고통을 삼키며 중얼거리던 중 창문으로 사람 형상을 한 것이 지나갔다. 선우는 새벽 예배에 일찍 오는 성도님들 중에 한 사람이라고 생각했다. 명치를 잡고 힘겹게 일어났다. 숨을 크게 내쉬며 옷을 갈아입었다. 외출복을 입고 창문 쪽으로 다가갔다. 유리창에 눈을 가져다 댔다. 옅은 바람 소리와 찬 공기가 창문 틈새로 스며들었다.

"이 시간에 오시는 분도 계셨나? 세수라도 하고 나가야겠어."

창문에서 눈을 떼고 안방을 나와 몸을 굽힌 채 욕실 쪽으로 걸어갔다. 가로등 불빛은 유리창을 뚫고 거실로 들어와 있었다. 그때 사람 형상을 한 것이 창문을 지나치며 예배실 반대 방향으로 걸어갔다. 발을 돌려 거실 창문으로 다가갔다. 그리고 가만히 서 있는 사람 형상의 실루엣이 유리에 비췄다. 왜소한 골격에 머리를 길게 흩트려 놓은 형상은 선우를 내려 봤다. 선우도 창문 밖에 서 있는 그를 봤다. 그는 미동하지 않았다. 아무 말 없이 서로를 지켜봤다. 벽시계가 4시 10분을 가리키며 초침이 먼지를 때렸다.

움직임 없는 그를 가만히 보던 선우는 뒷걸음쳤다. 그리고 현관문 쪽으로 달리기 시작했다. 유리가 깨질 듯이 문을 열어젖혔다. 창문 밖에 있던 그도 달렸다. 어둑한 길 끝으로 달아나는 그를 쫓았다. 슬리퍼 앞창으로 삐져나온 발가락이 바닥에 긁혔다. 발톱이 깨지고 살이 찢기며 피가 났다. 한참을 달려 에덴의 주인은 금학산 들머리에 멈춰 섰다. 그리고 뒤따라오던 선우를 향해 다가오며 말했다.

"그만 어머니의 집으로 돌아가. 그곳에서 네 열매나 가꿔. 넌 이곳에서 죽을 수 없어."

선우는 발에서 피가 났지만 아픔이 느껴지지 않았다. 시큰거리는 오른쪽 무릎을 잡고 거칠게 숨을 내쉬며 말했다.

"내가 당한 고통만큼 널 패 줘야겠어! 신도 고통을 느끼겠지! 네가 내 앞에 나타난 걸 후회하게 만들어 줄게."

그의 코 앞까지 가서 멱살을 잡았다. 눈과 입가에 비웃음이 묻어 있었다. 조롱 섞인 낯빛에 당장이라도 주먹을 내리치고 싶었다. 아무 반응 없이 선우의 손에 매달려 있던 그는 억누를 수 없는 분노가 재밌기라도 하듯 웃기 시작했다. 마치 인간의 죄 된 습성을 받아들일 준비를 끝낸, 십자가형을 앞둔 구원자처럼 눈을 감았다.

선우는 기억하고 있었다. 아마 예수도 그랬을 것이다. 신의 농락에 빠져 사랑의 대가를 죽음으로 받아들일 수밖에 없었던 별 좋은 날, 사람들의 손가락질 속에서 죽었던 자신의 희생이 억울했을 것이다. 손을 풀고 한 발 물러났다. 그리고 그에게 말했다.

"난 죄인이 아냐. 왜 인간을 죄인으로 만들려는 거지? 예수를 죽인 죄책감 때문이라면 인간이 널 믿을 수 있도록 선을 베풀어. 그럼 나 또한 신이 될 생각을 버릴 거야."

"죄책감 같은 건 없어. 처음부터 인간은 내 말에 순종하지 않았어. 그래서 예수를 죽인 거야. 십자가에서 죽어 가는 예수를 보며 너희의 불순종을 반성하길 바랐어. 그런데 그것도 2,000년 전 일이야. 인간은 끊임없이 죄를 지어. 죄가 쌓이면 언젠가 에덴을 물들일 거야. 그래서 순종하지 않는 인간을 에덴 밖으로 보내려는 거야. 너도 나에게 순종할 생각이 없잖아."

"난 죄인으로 에덴을 떠나지 않아. 이곳에서 죽을 수 없다면 더 이상 너로 인해 존재하지 않을 거야. 예수의 죽음과는 상관없이 에덴을 떠날 거야."

"넌 예수와 같이 에덴의 질서를 무너뜨리려 했어. 에덴에서 제자를 남긴다면 그들도 에덴 밖으로 쫓아낼 거야. 난 널 죽이고 싶지 않아."

"그렇다면 예수에게 왜 능력을 줬지? 네 자체로 만족할 수 있었잖아."

"예수는 나를 가장 잘 알고 있었어. 순종적이고 사랑이 많았지. 예수를 보고 있으면 항상 안심됐어. 에덴을 떠나려 했던 인간들도 예수 앞에서 순한 양이 되더군. 난 그에게 능력을 줄 수밖에 없었어. 어떻게든 에덴을 지켜야 했으니깐. 그런데 예수를 따르는 이들은 날이 갈수록 많아졌어. 자신이 나의 아들이라 하더군. 나에게 기도해야 할 인간들은 예수만 찾앉어. 너도 알다시피 에덴은 사랑과 자비가 넘치는 곳이 아니잖아! 만약 예수가 인간에게 공포심을 심어 주었다면 십자가형은 면했을 거야. 예수는 스스로 죽음을 선택한 거나 다름없어. 그리고 난 그를 사랑했어."

"너를 섬겨야 할 인간이 예수를 섬겼기 때문에 죽였다는 거야?"

"난 질투가 많아. 의도와 다르게 흘러갔지만, 예수에게 기회를 주었을 뿐이야. 신이 되려 하지 않았다면 고통도 없었을 거야. 너에게 주어지지 않을 예수의 순종은 오직 십자가형을 받아들인 것밖에 없어."

"예수의 선함이 신이 되려는 의도였다는 것을 어떻게 단정 지을 수 있지? 우리가 예수를 죽였다는 건 너의 핑계야."

"이미 에덴 사람들은 자기 때문에 예수가 죽었다고 알고 있어. 그래서 스스로 죄인이라고 생각하고 있는 거야. 그 대가로 예수는 나의 아들이 됐지만 에덴은 전보다 견고해졌어."

"열매를 먹지 않는다면, 인간에게 죄를 씌울 수 없어. 네가 만든 규칙을 에덴 사람들도 곧 알게 될 거야. 그리고 열매를 따 간 죄인들도 그 사실을 알게 되겠지."

"넌 에덴에서 아무것도 할 수 없어. 네 말은 신을 모독할 뿐이야. 사람들은 경계할 거야. 내가 아니라도 쫓겨나게 될 거야. 그리고 에덴 밖 대부분 사람은 자신이 죄인인 줄 모르고 살아."

"너의 형상을 닮은 인간이 처음부터 악했다는 사실을 넌 더 잘 알았을 거야. 왜 하와에게 열매를 먹게 했어? 인간을 죄인으로 만든 건 네 책임이야."

"인간은 나와 닮았어. 언젠가 나를 위협할 것을 대비해 경계를 만들었을 뿐이야. 그래서 나뭇가지에 맺힌 열매는 나 외에는 딸 수 없도록 했어. 그런데 말릴 틈도 없이 하와가 먹어 버렸지. 아담도 여자에 의해 열매를 먹고 난 후에는 부끄러움을 느꼈어. 그들의 후손을 다스리기에 선악을 아는 것만큼 자신이 죄인임을 고백하는 데 수월한 방법이 없더군. 물론 예수가 나타나기 전까지만 말이야! 내 뜻대로 쓰였던 기록도 예수를 죽이고 난 이후부터 나를 사랑의 신으로 오해하기 시작했어. 물론 사랑은 인간을 복종시키기에 수월한 도구이기도 해. 사랑은 인간을 어른으로 만들지 못했거든. 결국 예수의 죽음으로 에덴을 지켰어. 난 내 할 일을 한 거야."

"처음부터 인간을 만들지 않았으면 됐잖아. 왜 우리를 만들었지?"

"인간은 나를 위해 존재해. 그리고 난 인간에 의해 존재해. 나를 위해 제물을 바치고 제사를 드려야 해. 너희의 외침이 나를 존재하게 해. 나의 존재는 너희가 존재하기 때문이야. 나는 너희를 만들었고 너희는 나를 만들었어."

"우리가 아니었다면 너도 없었을 거야. 우리가 사라지면 너도 사라지겠지."

"난 사라지지 않아! 난 신이야! 너희가 이 땅에서 사라지고 다른 종이 나타난다 해도 나를 찾게 될 거야. 생각하는 것들은 신 없이 어떤 결정도 내리지 못해! 너 또한 에덴을 나가면 선택의 길에서 헤매게 될 거야. 인간의 자유의지는 항상 죄로 이어졌어. 하와를 말렸어도 언젠가 열매를 땄을 거야. 너도 곧 열매를 먹게 될 거고!"

에덴의 주인은 좀 전과 다르게 미소를 지으며 천천히 선우의 우편을 돌며 말을 이었다.

"넌 에덴에서 잘살 수 있어. 너에게는 은혜가 있잖아. 예수처럼 살지 않아도 돼. 더 이상 예수가 되려 하지 마. 에덴에서 평안을 누려. 고통은 없을 거야. 나에게 순종해."

"네게는 사랑이 없어. 예수를 기억하는 이유는 죽음으로 사랑을 증명했기 때문이야. 인간이 결코 사랑 없이 살 수 없다면 값있는 사랑은 거래일 뿐이야. 사랑이 아니야. 난 에덴을 떠날 거야. 그곳에서 값없는 사랑을 심을 거야."

에덴의 주인은 머리를 쓸어 올리며 잠시 생각에 잠겼다. 그리고 뭔가 결심한 듯 턱수염을 만지며 말했다.

"그렇게 해! 떠나고 싶으면 떠나! 열매는 꼭 먹게 될 거야. 죄인이 아니면 이곳을 떠날 수 없어."
"난 죄인이 되지 않아. 이곳에서 예수처럼 죽을 수 없다면 죄 없이 에덴을 떠날 거야. 그리고 에덴 사람들도 더 이상 죄가 없음을 알게 될 거야."
"넌 쉽게 에덴을 떠나지 못해. 네 열매는 시들어 갈 거야. 그리고 남루하게 살아가겠지. 나에게 순종하지 않을 거라면 더 이상 예수의 말은 전하지 않는 게 좋아."

입꼬리를 올리고 있던 에덴의 주인은 선우에게서 걸음을 떼며 멀어져 갔다. 그를 잡기 위해 손을 뻗어 보았지만 닿지 않았다. 어느덧 동쪽에서 해가 떠올랐다. 눈을 뜰 수 없을 정도로 붉은빛이 시야를 가렸다. 손바닥으로 빛을 가린 채 그를 잡으려 다시 손을 뻗었다. 앞이 보이지 않을 정도로 눈이 부셨다. 닿을 듯한 거리에 서 있던 그는 빛과 함께 사라졌다. 선우는 소리치며 말했다.

"에덴의 모든 열매는 썩어 갈 거야! 인간은 너를 기억하지 못할 거야!

새 토라의 주인이 너를 지워 버릴 거야."

붉은빛은 점차 사라졌다. 그리고 태양은 하늘에 차분히 앉았다. 밝아진 거리에 참새들이 울어 대며 아침을 알렸다. 숲을 타고 내려오는 공기는 간밤에 단말마를 잊을 만큼 싱그러웠다. 명치에 박혔던 쇠말뚝이 뽑히며 식도를 막고 있던 단단한 것도 내려갔다. 슬리퍼 앞창으로 삐져나온 발가락이 쓰라렸다. 밤중에 그를 쫓아 얼마를 뛰어왔는지, 사택으로 돌아가는 길은 한참이었다. 바닥에 살이 긁히지 않도록 조심히 걸었다. 그리고 새벽예배에 나오지 못한 이유를 둘러댈 말이 필요했다. 담임목사님은 선우에게 이유를 물어볼 것이다.

"뭐라고 하지? 에덴의 주인을 만났다고 할까? 말도 안 되지! 에덴의 주인을 목사님이 알 일이 없잖아. 그동안 있었던 일들을 솔직히 말해 볼까? 혹시 그에 대해 알고 있을지도 몰라! 같은 사역자인데 나한테만 나타나진 않았을 거야. 만약 모른다고 하면 어떻게 하지? 처음부터 말을 안 하는 게 좋을까? 미친 사람이라고 생각할지도 몰라."

사택으로 가는 내내 혼잣말을 하며 중얼거렸다. 그리고 십자가에 가까워질 때쯤 멀리서 뛰어오는 정선이 보였다. 숨을 헐떡이며 선우 앞에 섰다. 처진 눈을 동그랗게 뜨며 피 묻은 슬리퍼와 얼굴을 번갈아 봤다. 그는 숨을 골라내며 이곳에 있는 이유를 물었다. 그리고 선우는 예배가 한참 끝난 시간에 이곳에 있는 이유를 말해야 했다.

"전도사님! 새벽에 어디를 뛰어가신 거예요?"

놀란 눈은 답을 재촉하는 듯했다. 선우는 생각하며 둘러댈 말을 찾았다.

'혹시 에덴의 주인을 알고 있지는 않을까? 말해 볼까? 아니다! 분명 담임목사님에게 말할 게 분명하다. 새벽에 뛰어나간 이유를 어떻게든 설명해야 한다. 그러나 그를 제외하고는 어떤 것도 설명할 수 없다.'

머릿속은 변명거리를 찾아내기 위해 바쁘게 움직였다. 어떤 말이라도 해야 했다. 선우는 정선이 어떻게 여기까지 뛰어왔는지 되물었다.

"어떻게 알고 오신 거예요?"
"사찰 집사님께서 전도사님이 금학산 방향으로 뛰어가는 걸 본 모양이에요. 돌아올 줄 알았는데 안 오셔서 저한테 말씀하셨어요."
"그렇군요."
"왜 새벽에 여기까지 뛰어오신 거예요? 담임목사님께서도 물어보셨어요."
"아, 그러니깐…."

여전히 에덴의 주인을 제외하고는 할 수 있는 말이 없었다. 새벽에 금학산 들머리로 뛰고 있는 자신을 어떻게든 설명해야 했다. 선우의 차림새는 누가 봐도 잠결에 급히 나온 사람 같았다. 피가 고여 있는 발이 쓰라렸다. 피로가 몰려왔다. 집으로 돌아가고 싶었다. 은혜가 보고 싶었다. 더 이상 고통당하고 싶지 않았다. 선우는 정선에게 주인에 대해 말하는 것이, 에덴을 떠날 이에게 중요하지 않다고 생각했다.

"전도사님은 하나님을 만난 적이 있어요?"
"전에도 들었던 질문 같네요."
"맞아요. 같은 질문을 했었죠. 제 말은 실제로 보신 적이 있는지 물어

보는 거예요."

"실제요? 구체적으로 어떤 걸 말하는 거죠?"

"실제 모습이요! 머리모양이나 이목구비, 체형이 어떤지 보신 적이 있어요?"

"기도 중에 보여 주시는 모습은 큰 키에 긴 머리를 하고 인자한 표정을 짓고 계셨어요."

"아니요! 실제 모습이요! 실제 눈앞에서 말하고 움직이는 실상이요! 지금 전도사님이 내 눈앞에서 움직이고 말하는 사람처럼요!"

"아니요. 그렇게 본 적은 없죠. 실제로 제 눈앞에 나타나신 적은 없어요. 하지만 영적인 분이시니 어디서든 존재하시겠죠."

"그래요! 저도 하나님은 영적인 존재시니 실제로 봤다는 사람들의 말은 믿지 않았어요. 그런데 성경에 보면 하나님과 대화하는 내용이 기록되어 있잖아요. 어쩌면 실제로 하나님이 우리 앞에 나타날 수도 있다고 생각해요."

"물론이에요. 하나님께서는 어디서든지 함께하시죠."

전에도 느꼈듯이 정선은 신을 위해 자신의 뇌를 다듬고 맞춘 듯했다. 선우는 에덴의 주인에 대해 어떻게 설명해야 할지 몰랐다. 동그랗게 떴던 눈이 다시 처지며 흥미로운 이야기에 집중하는 듯했다.

"그래요. 어쨌든, 새벽에 누군가 창문을 두드렸어요."

"누가요?"

"저도 알고 싶어서 현관문으로 뛰쳐나갔던 거예요. 그가 금학산 방향으로 뛰길래 저도 쫓아갔어요."

"그래서요?"

"그는 저쪽 들머리에서 멈췄어요. 왜소한 체형에 긴 머리를 한 사람이었어요. 그리고 한참 동안 대화를 나눴죠."

"어떤 대화를 나눴는데요?"

"그가 사역을 내려놓고 집으로 돌아가라고 했어요. 그리고 태양 빛과 함께 사라졌어요."

"그래서요?"

"끝이에요. 그가 집으로 돌아가 평안을 누리며 살라고 했어요. 오늘 담임목사님께 말씀드릴 거예요. 그만 사임하는 게 좋겠어요."

"그게 새벽예배를 대신해 금학산으로 뛰어간 이유인 건가요?"

"네, 맞아요."

"정리하자면 사택 창문을 누군가가 두드렸고 전도사님은 그가 누군지 확인하기 위해 금학산 들머리까지 뛰어갔다는 말인 거죠?"

"정확히 두드린 건 아니에요. 창문에 그가 서 있었죠."

"그래요? 그럼 왜 뛰었어요?"

"그를 잡기 위해서 뛰었죠. 밤마다 저를 괴롭혔으니깐요."

"괴롭혀요? 어떻게요?"

"여기. 명치에 못을 박았어요."

"명치에 못을 박았다고요?"

"네. 밤이 되면 어김없이 찾아와 여기에 못을 박았어요. 끔찍하게 고통스러웠어요."

정선은 알 수 없다는 듯한 표정으로 머리를 저었다. 그리고 잠시 뭔가를 곰곰이 생각하더니 고개를 끄덕이며 말했다.

"어쨌든, 그가 전도사님께 사역을 내려놓고 집으로 돌아가라고 했다는 거죠?"

"네, 맞아요. 물론 그가 하나님인 건 확신할 수 없지만, 아니어도 상관 없어요."

"알았어요. 담임목사님께 그렇게 말씀드릴게요."

"아니에요. 제가 말씀드릴게요. 그게 좋을 것 같아요."

정선은 손목에 찬 시계를 보더니 그만 교회로 돌아가야 하는 듯 걸음을 재촉했다. 곧 있으면 예배가 시작될 것이다. 차량 운행도 나가야 한다. 방송실 세팅과 주보 정리도 해야 한다. 설교도 마저 정리해야 했다. 전도를 위해 새로 산 붕어빵 기계를 청년들에게 설명해야 한다. 주일 아침은 바쁘다. 할 일들을 생각하며 교회로 향했다. 그러나 정선은 선우의 말을 되새기는 듯 알 수 없는 표정을 지우지 못했다. 빠르게 걷던 걸음을 멈추고 정선은 선우에게 말했다.

"새벽에 쿵쿵거리는 소리가 나던데 혹시 들으셨어요?"

"아니요. 전 못 들었어요. 왜요?"

"저도 가끔 새벽에 창문 주변으로 누군가 돌아다니는 느낌이 들어서요. 그리고 어제는 바닥을 세게 치는 소리가 들렸어요."

"저는 못 들었어요."

32

떠날 준비를 마친 선우는 노트북과 책을 팔았다. 그리고 수중에 50만 원 남짓한 돈이 생겼다. 30L 가방 안에는 속옷 몇 벌과 겉옷 한 벌, 회색

면바지, 곰돌이가 그려진 티셔츠 한 장, 그리고 담배 한 갑과 라이터가 들어 있었다. 머리는 짧게 깎았고 수염은 매끈하게 밀었다. 신발은 발목까지 오는 단화를 신고 통이 넓은 청바지와 무늬가 없는 검정 티셔츠를 입었다.

얼마 전 어머니는 에덴을 떠나고 싶으면 떠나라고 했다. 에덴을 떠나야 한다는 말을 끝까지 이해하지 않았지만, 방 안에 갇힌 아들의 눈빛은 환영에 사로잡힌 듯 불안해 보였다. 같은 말만 되풀이하는 아들을 놓아주기로 한 것이다. 현관문을 나서는 선우에게 어머니는 언제든 돌아오라고 말했다. 그러나 선우는 에덴으로 돌아가고 싶지 않았다. 에덴의 주인과 마주치기 두려웠다. 밤마다 찾아오는 고통을 더 이상 견딜 수 없었다. 새 토라를 쓰거나 에덴의 노예를 구원하겠다는 망상에서 도망치고 싶었을 것이다. 그리고 에덴의 주인이 주었던 모든 선물을 내려놓았다. 사랑, 화목, 기쁨, 고통, 신뢰, 평안은 더 이상 선우에게 없었다. 탐스러운 열매를 제외하고는 무엇도 가져갈 수 없었다.

은혜는 에덴동산 언덕에서 떠나는 선우를 한참 동안 바라봤다. 옷깃을 잡고 놓아주지 않던 그녀의 시선이 어린아이처럼 등에 안기는 것 같았다. 고여 있던 눈물이 한없이 흐르며 동산의 흙을 적셨다. 그리고 밖으로 나가는 출입구 앞에서 에덴의 언덕을 뒤돌아보며 생각했다.

'어쩌면 선악을 알지 못하는 것은 신의 축복일까? 신의 의지에 따라 순종하며 산다는 것은 불안과 고통이 없는 평안일까? 고민에 빠질 필요도 없을 것이다. 그러나 열매를 먹은 인간은 선과 악을 고민할 것이다. 어느 것을 선택해도 죄인은 선을 이룰 수 없다. 탐욕 앞에서 선은 어리석은 사람이 될 것이고 악은 그 자체로 악이 될 것이다.'

신의 울타리를 넘어 죄인의 울타리로 들어가는 선우는 떠나는 날까지 열매를 먹지 않았다.

　식탁에 차려 놓은 어머니의 아침 밥상을 지나치며 현관문을 나섰다. 성제와 혜령은 망상의 늪에서 도망치려는 선우를 잡기라도 하는 듯 기다리고 있었다. 아마도 은혜의 울음 섞인 목소리가 그들을 이곳까지 불렀을 것이다. 그러나 새 에덴으로 떠날 선우는 한편으로 기뻤다. 말끔해진 모습으로 인사했다.

"어떻게 왔어?"
"네가 에덴을 떠난다길래 마중 나왔지. 어디로 갈 거야?"
"에덴 밖 어디든!"
"그곳이 어디든 연락해. 놀러 갈게."
"너의 주인이 보내지 않을 거야."

　성제에게 새 토라에 대해 말한 이후로 선우는 교회 사람들의 시선이 불편해졌다. 발길이 뜸해진 것은 3개월 전부터였을 것이다. 낮 없는 날을 보내며 방 밖을 나가지 않던 선우는 밤마다 누군가와 대화를 주고받았다. 어머니는 방 안에서 들려오는 아들의 목소리에 잠을 설치며 몇 번이고 방문을 열었지만, 그때마다 누가 있는 듯 창문 밖을 바라보며 말했었다. 곧 교회에서 선우가 미쳤다는 소문이 돌았다. 그때마다 성제는 볼멘소리를 해 대며 다그쳤지만, 선우는 미치지 않았다고 말했다.

"나의 주인? 하나님께서 보내지 않으시겠지! 그러니깐 네가 이곳에 남아."
"은혜는 오빠가 여기에 남기를 바라고 있어요. 어디로 가려고 해요?"
혜령이 말했다.

"내가 은혜를 버리는 게 아니야! 은혜가 에덴을 떠날 수 없는 거야. 신이 은혜를 잡고 있어. 누구도 그녀만큼 신을 기쁘게 하지 못하거든. 어디에도 그녀처럼 티 없이 맑고 깨끗한 여자는 없을 거야. 신은 그런 사람을 좋아해. 순종하는 인간을 좋아하지. 너희들이 서슴없이 나에 대해 말하는 것과 같아. 난 에덴에 살 수 없어. 너희는 에덴에서 평안을 누려. 그리고 단 한 번도 난 미치지 않았어."

선우는 언덕을 내려갔다. 주인의 정원과 떨어지며 그들의 모습도 보이지 않았다. 더 이상 신의 명령을 하달할 이들의 목소리도 들리지 않았다. 에덴 밖은 자유가 있었지만, 앞으로의 선택과 책임은 개인의 몫이었다. 50만 원 남짓한 돈으로 얼마나 버틸 수 있을지 몰랐지만, 신의 전유물로만 알고 있었던 기쁨을 에덴 밖에서도 느낄 수 있다는 것은 이상의 기쁨이었다. 신의 것 중 한 가지를 스스로 얻었다는 것은, 에덴에 두고 온 것 중 일부를 다시 가질 수 있기도 했다. 단지, 가진 것 모두를 잃을 수 있다는 사실은 알지 못했다.

선우는 어디로 갈지 몰랐다. 에덴 밖은 여러 성이 존재했고 어떤 성에 들어가느냐에 따라 삶은 달라졌다. 성을 쌓아 신이 된 죄인들은 맹신을 강요하며 에덴에서 따 온 열매를 바치기를 바랐다. 항상 먹을 것은 부족했고 잠잘 곳이 없었기 때문에 방금 에덴을 떠난 사람들은 성주를 믿을 수밖에 없었다. 그리고 성주에게 먼저 충성한 자와 후에 충성한 자 사이에는 계급이 존재했다. 간혹 성주를 기쁘게 한 인간은 먼저 충성한 자보다 높은 계급을 갖기도 했다. 성을 떠날 때는 열매 나무를 심을 수 있는 씨앗을 주거나 다른 성으로 이동할 수 있는 통행증을 발급해 주었다.

신들의 성은 각양각색이었다. 어느 곳은 창고 같았고 어느 곳은 밀폐된 칸막이 같았고 어느 곳은 소음이 들렸고 어느 곳은 여기저기 뻗은 길과 같았다. 시끄러운 기계음과 성난 목소리 속에 죄인은 성주의 허락 없이 에덴의 전유물이었던 것들을 얻을 수 없었다. 언제나 성주의 필요를 위해 맹신의 의미로 정해진 장소에서 제사를 드려야 했다. 신이 된 성주는 죄인들의 필요를 채웠지만 항상 부족했다. 성주는 에덴의 주인처럼 신의 역할을 흉내 냈지만, 언제든 성은 무너질 수 있었다.

에덴을 갓 떠난 선우는 밖에 어떤 것들이 존재하는지 알지 못했다. 50만 원 남짓한 돈은 당분간 어떤 신에게도 제사를 드리지 않아도 됐다. 신의 영역에 들어가기 위해 가장 먼저 발 닿는 곳으로 걸었다. 에덴의 작은 점도 보이지 않았다. 발에 땀이 찰 때쯤 폐지를 가득 실은 손수레가 보였다. 깡마른 노인은 긴 머리카락을 늘어뜨리고 폐지가 흘러넘치지 않도록 끈으로 주변을 칭칭 감고 있었다. 바퀴는 폐지 무게를 버티지 못하고 바닥에 닿아 있었다. 끈을 단단히 묶은 노인은 근처 벤치에 앉았다. 해진 바지 주머니에서 담배를 꺼내 불을 붙였다. 긴 세월을 견디며 참았던 숨을 한 번에 토해내듯 담배를 연신 피워 댔다. 깊게 파인 이마의 주름은 지난 삶을 더욱 도드라져 보이게 했다.

발을 식힐 겸 옆 벤치에 앉은 선우도 가방에서 담배를 꺼내 불을 붙였다. 그리고 곁눈으로 노인을 흘려 봤다. 담배를 몇 번 깊게 빨더니 금세 한 대를 다 피고 한 대를 더 입에 물었다. 라이터에 가스가 없는지 불꽃만 튀었다. 불이 붙지 않은 라이터를 바지 주머니에 넣고 선우를 바라봤다.

"라이터 좀 빌릴 수 있겠나?"
"아! 네 여기 있습니다."

라이터를 받은 노인은 담배에 불을 붙이며 말했다.

"자네. 집을 나온 겐가?"

선우는 대답하지 않았다. 노인은 연기를 연거푸 뱉어 대며 말을 이었다.

"어디로 갈 생각인가?"

선우는 여전히 말하지 않았다. 노인은 고개를 돌려 선우를 보며 말했다.

"자네도 결국 떠난 게로구만."
"네!"

노인의 말에 선우는 놀랐다. 에덴에 대해 알고 있다는 생각이 들어서였다. 죄인의 후손과 에덴의 후손이었던 사람들이 공존하는 이곳에서 에덴을 기억하는 이들은 신을 직접 만나지 않고서는 알 수 없었다. 열매를 먹는 순간, 에덴의 흔적은 지워졌기 때문이다. 이곳에 멈춘 이유는 에덴에서나 볼 수 있었던 손수레를 끄는 노인의 표정이 평온해 보였기 때문이었다. 노인은 말하지 않는 젊은이를 빤히 보며 담배를 깊이 빨았다.

"자네는 떠날 때 무엇을 갖고 나왔나? 혹시 잊은 건 없나?"

노인은 굳게 닫힌 젊은이의 입을 열기 위해 말을 거는 것처럼 보였다. 선우는 목구멍에서 열매의 존재와 에덴의 주인이 불쑥 튀어나오는 것을 누르고 태연하게 입을 열었다.

"다 놓고 나왔어요. 그곳엔 처음부터 제 것은 없었어요."

"자네 것도 한 개쯤은 있지 않았겠나? 걱정하지 말게. 언젠가 자네에게 돌아올 거네."

노인은 담배를 입술에 물고 긴 머리카락을 쓸어 넘겼다. 뼈만 앙상하게 남은 팔과 손등에는 송곳에 찔린 듯한 상처가 먼지와 함께 뒤섞여 있었다. 곁눈으로 노인의 외형을 흘겨보던 선우는 물었다.

"어르신은 어디로 가고 계십니까?"
"어디든, 여기와 저기, 이곳과 저곳으로 간다네. 멈춰 있을 수 없거든."
"손등에 난 상처는 무엇입니까?"
"이 상처?"

노인은 과거를 회상하는 듯 몇 모금 연기를 빨아댔다.

"예전에 많은 사람이 나를 올려다보고 있었다네. 내 앞에 무릎을 꿇고 자신의 아픔을 말했지. 그리고 그들을 치료해 주었다네."
"예전에 의사셨나요?"
"난 의사가 아닐세. 단지 사람들의 아픔을 귀담아 들었을 뿐이네. 그리고 어떤 사람이 아픔이 나았다고 하더군. 소문이 어디까지 났던지, 점점 사람들이 몰려왔다네. 나를 대관 자리에 앉히고 두 손을 모아 알아들을 수 없는 소리로 중얼거리더군."
"그래서요?"
"무어라 말하는지 알 수 없었다네. 그 자리가 답답해서 몇 번이고 밖을 나왔지. 그때마다 사람들은 어떻게 알고 나를 찾았다네. 그리고 대관 벽면에 나무를 덧대고 그곳에서 움직이지 못하게 못질을 하더군. 마치 박제된 새라도 된 듯이 매달려 있었다네. 사람들은 매일 나를 향해 중얼거리며 눈물을 보이다가도 온갖 산해진미로 만찬을 즐겼다네."

노인은 잠시 말을 멈추더니, 사람들이 이해 가지 않는 듯 고개를 갸우뚱거렸다.

"난 그 자리에서 피를 흘리고 있었는데 말이야! 이해할 수 없더군."
"손등에 난 흉터는 그때 생긴 건가요? 어떻게 그곳에서 살아 나올 수 있었나요?"

노인은 필터까지 타들어 간 꽁초를 태우며 마지막 연기를 뱉어냈다.

"어떻게 살아났는지는 나도 잘 모른다네. 피를 얼마나 흘렸던지, 바닥에서 피비린내가 진동하더군. 점점 정신을 잃고 난 죽었다고 확신했네. 그리고 중얼거리는 소리가 줄더니 사람들이 하나, 둘씩 자리를 뜨는 것 같았네. 그런데 떠나는 군중들 속에 무릎을 꿇고 자리를 지키는 사람들이 있더군. 두 손을 모으고 말하는 소리가 또렷이 들렸다네."
"무어라 말했나요?"
"나는 죄인입니다. 나는 죄인입니다. 나의 죄를 용서하옵소서."

선우는 노인의 눈을 봤다. 노인도 선우의 눈을 지그시 바라봤다. 필터 끝에서 아슬아슬하게 매달려 있던 담뱃재가 바닥으로 떨어졌다.

"당신은 누구입니까? 이곳에서 무엇을 하고 있습니까?"

"난 여기서 폐지를 줍고 있네. 그리고 사람을 기다리고 있었다네."

"전에도 우리가 본 적이 있나요?"

"난 처음일세. 자네는 날 본 적이 있나?"

"아니요. 저도 처음입니다. 그런데 많은 피를 흘리고 어떻게 죽지 않았나요?"

"나도 잘 모른다네. 단지, 그곳에 남은 사람들이 나무판에서 나를 떼어냈다네. 그리고 피를 닦고 침대에 눕혔지. 깨어 보니, 치료해 주었던 사람들은 모두 사라지고 없었다네. 내 기억은 이것뿐이네. 난 내가 누구인지, 몇 살인지, 모른다네. 그저 나를 아는 사람을 기다리고 있다네."

"혹시 예수를 알고 있습니까?"

"난 그를 모르네."

선우는 노인이 미쳤다고 생각하고 자리에서 일어나려 했다. 노인은 담배 한 개비를 다시 입에 물고 불을 붙였다. 그리고 역사 방향으로 걸어가는 선우의 등 뒤에 대고 말했다.

"보아하니 자네! 열매를 놓고 온 모양일세! 죄인들이 자네 주위에서 자네를 이상하게 볼 거네! 자네는 선악을 모르지 않나? 열매가 없으면 성주와 그 안에 죄인들은 의심할 걸세. 조심하시게. 자네도 나처럼 죄인들의 희생양이 될 수 있네. 몸조심하게. 어디를 가든지 행운을 비네. 자네는 날 잘 알고 있지 않나?"

33

인덕션에 올려놓은 주전자에서 휘파람 소리가 났다. 담임 목사님은 소파에서 일어나 포트에 물을 담고 드리퍼에 천천히 물을 부었다. 루왁 원두 위로 뜨거운 김이 피어오르며 여과지 밑으로 커피가 떨어졌다. 원두 위에 담긴 물이 전부 빠지자, 서버에 담긴 커피를 유리잔에 담으며 선우에게 말했다.

"확실히 결정된 건가요?"
"네. 사임하겠습니다."
"대충 들어서 알고 있어요. 밤마다 명치에 못을 박았다고요."
"그만하는 게 좋을 것 같습니다. 부족한 점이 많은 것 같습니다."

목사님은 커피잔을 들고 선우 앞에 내려놓으며 말했다.

"계획은 있어요?"
"1년 정도 휴학하려고 합니다. 몸도 안 좋아진 것 같아서요."
"그래요. 그동안 수고했어요."

선우가 커피잔을 들자, 목사님도 잔을 들었다. 그리고 동시에 한 모금씩 마셨다. 잠시 침묵이 흐르고 잔을 탁자에 놓으며 목사님은 말했다.

"사택 창문을 누군가 두드렸다고 들었어요. 그래서 금학산 방향으로 뛰어나갔다고 했는데 무슨 일이 있었나요?"

목사님과 종종 대화를 나눴던 정선이 말하지 않았을 일은 없었다. 언제나 순종적인 정선은 목사님의 물음에 바로 응답했을 것이다. 어차피 알고 있는 사실에 대해 창문 밖 존재를 말하지 않을 이유는 없었다. 단지, 물음에 답하는 선우는 오로지 자신을 위해 말했다.

"그것 때문에 몸이 안 좋아진 건 사실입니다. 처음부터 제 주변에 있었는지도 모르죠. 교회에 부임하면서 시작된 것 같아요. 그를 기숙사에서 처음 봤습니다. 환영이나 꿈을 꿨다고 착각했는데 금학산 들머리에서 확실히 봤어요."

"그래요. 그가 전도사님께 뭐라고 하던가요?"

"저에게 죄인이라고 했어요. 철야예배부터 줄곧 그랬던 것 같아요. 그리고 오늘 새벽에는 집으로 돌아가라고 했어요."

목사님은 그의 존재에 대해 흥미로운 듯 입가에 미소를 지었다. 그리고 미지근한 커피를 몇 모금 마셨다. 어떤 감정에도 동요되지 않은 듯 무심하게 말했다.

"전도사님은 그가 누구라고 생각하세요?"

"그는 자신이 에덴의 주인이라고 했어요."

"에덴의 주인이요? 그게 누구죠?"

"그야. 우리와 같은 모습을 했지만, 사람은 아닌 것 같았어요. 하나님이 보낸 사자처럼 보이지도 않았어요. 아마도 신적인 존재? 열매 이야기를 했는데, 선악과 이야기를 하는 것 같았어요. 저에게 이곳에서 죽을… 수… 없다고… 했는데…. 글쎄요. 잘 모르겠어요. 어쨌든 에덴에서 절 쫓아내려고 했어요. 죄인이 되기 싫다고 했더니 그만 집으로 돌아가라고 했어요."

목사님은 이미 식어 버린 커피를 입으로 혹혹 불어 가며 마셨다. 탁자에 내려놓은 잔에는 커피가 남아 있지 않았다. 숨을 깊게 내쉬며 미소를 지었다. 그리고 선우의 눈을 보며 말했다.

"하나님께서 우리를 쫓아내시는 경우는 창세 전부터 예정된 거예요. 선택받지 못한 이들에게 행하시죠. 물론 거기에는 이유가 있을 겁니다. 하지만 예수님께서 오셨으니, 자신의 죄를 믿음으로 고백하고 구원받으면 됩니다. 세례가 그 믿음의 증거죠. 전도사님께서 그동안 나쁜 꿈을 꾸신 것 같습니다. 쉬면서 믿음을 단단히 하세요. 그리고 순종하는 법도 배워야 합니다. 만약 하나님께서 전도사님께 시련을 주셨다면 이유가 있을 겁니다."

목사님도 에덴의 주인께 순종하는 사람이었다. 그도 그럴 것이, 이유가 있다는 말은 먼 섬으로 떠내려간 난파선처럼 누구에게도 도움을 요청할 수 없는 선우의 성격을 목사님도 느꼈을 것이다. 오직 신만이 선우를 찾았을 뿐이다. 순종하지 않는 종에게 신의 행동은 정당했다. 순종하지 않았기 때문에 명치에 못이 박히는 고통을 당했다. 몸은 비대해지고 눈은 침침해졌다. 조금만 걸어도 무릎을 짓누르는 무게 때문에 시큰거렸다. 그가 누구였는지, 왜 선우에게 이토록 고통을 주었는지 설명한다면 결과는 불순종일 것이다.

34

보조석에 놔둔 열매가 창문으로 들어오는 햇살을 받아 빛을 냈다. 베어 물어 보라는 듯 광채를 뽐내며 시선을 끌었다. 한적한 지방도로를 달리며 힐끔힐끔 열매를 흘겨봤다. 만약 저 열매가 선악을 분명히 알게 해준다면, 선악에 밝지 않았던 선우는 지금보다 지혜로워질 것이다.

선에 대한 경계가 모호한 에덴 밖의 모든 선은 모든 악에 가까웠고 악을 행하는 것은 자연스러운 선의 결과물 같았다. 선은 의심과 조롱을 샀고 악은 질타를 샀다. 항상 의심과 질타하는 사람들만이 선과 악의 경계에서 저울질하며 균형을 유지하는 듯 보였지만 악은 언제나 경계선에서 이해받았다. 선은 끝까지 의심받았고 금세 힘을 잃었다. 그리고 악을 인정했다.

곳곳에 십자가를 걸어 놓고 선을 떠들어 댔지만, 그곳에 예수는 없었다. 열매를 먹은 탓일까? 아슬아슬한 경계선에서 줄타기하며 누구도 에덴 사람들처럼 자연스럽게 행동하는 사람은 없었다. 모두가 신이 된 듯 선과 악의 경계에서 타인과 자신을 심판하고 있었다. 선우는 끝없는 의심을 받으며 그들의 심판대 위에서 몇 번이고 난도질당했다. 에덴 밖은 자유로웠지만 경계에 있는 사람들의 의심은 숨 막힐 듯 삶을 제한시켰다. 에덴 밖은 선우에게 어울리지 않았다. 의미 없는 죄인들의 심판에 참여하며 쾌락에 동조하는 것은 이곳의 자연스러운 삶이었다.

선악의 경계선을 조금씩 이해할 때쯤 인간의 탄생과 죽음 사이에는 먹는 것, 자는 것, 성관계 외에 무엇도 존재하지 않다는 것을 알았다. 모든 선악은 그것을 충족하기 위해 존재했다. 죽음 이후에 대한 죄의 용서를 물질로 대신했지만, 선의 역할은 아니었다. 악을 이기는 이는 죽음으로 선을 증명했고 선을 이기는 악이 자신의 선이라 하는 이는 끝까지 숨을 쉬었다. 그리고 에덴의 울타리로 넘어가는 이들은 죄의 습관을 지우지 못했고 신의 지배를 받았다. 어쩌면 선함이 열매를 먹지 않는 것보다 나았다. 선과 악은 언제나 치열하게 싸웠다.

그리고 열매가 눈앞에 있다. 죄를 의식하면 정죄할 수 있고 죄로부터 멀어지거나 가까워질 수 있다. 쾌락의 저울에 삶의 추를 놓을 수 있다. 심판자, 에덴의 주인 역할은 선우 것이 된다. 선악의 경계선에서 주인 행색을 하며 모호한 선의 변화를 꾀하거나 악을 이해받을 수 있다. 열매를 먹는 순간 눈은 더욱 밝아지고 머리는 열릴 것이다. 선우는 열매를 베어 물고 싶은 충동을 어느 때보다 강렬히 느꼈다. 모든 신경세포가 예찬하듯 소리쳤다.

'어서 열매를 먹어! 너도 에덴의 주인처럼 지혜로워질 수 있어! 어서 열매를 먹어!'

오른손을 뻗어 보조석에 놓인 열매를 집었다. 손가락으로 이리저리 굴리며 행복한 고민을 했다. 그리고 입으로 가져갔다. 치아가 열매의 겉옷을 찢고 속살을 드러내게 했다. 그리고 다시 한 입 베어 물었다. 그리고 또 한 입, 또 한 입. 씨앗 없는 열매는 남길 것이 없었다. 모조리 선우의 식도를 통해 심장을 타고 여기저기로 퍼졌다. 메말라 있던 목구멍을 적시며 눈이 번쩍 떠졌다. 햇살은 차창 밖에서 더욱 날카롭게 선우에게 내리쬤다. 한산했던 지방도로에는 여러 대의 차가 주변을 에워쌌다. 이곳저곳에서 경적을 울려 대며 창문 틈새로 소음이 번졌다. 한숨도 자지 않은 선우는 따듯한 햇살에 졸음이 쏟아졌다. 처음으로 느껴 보는 편안한 피로가 온몸을 감쌌다. 침대에 몸을 눕히고 싶었다. 에덴을 떠난 후 처음 느껴 보는 평안이었다.

35

뒤를 돌아 노인을 봤다. 노인의 담배 연기가 하늘로 피어올랐다. 그는 누구도 의식하지 않은 채 세상이 자기 것인 양 맛나게 담배를 피워 댔다.

역사 안으로 들어간 선우는 무작정 전철을 탔지만 어디로 갈지 몰랐다. 50만 원 남짓한 돈으로 며칠간 먹을 걱정은 덜었지만 어디서 잘지, 무엇을 할지 정해진 건 없었다. 유리창으로 들어오는 바깥 풍경에 시선을 쏟다가 고개를 돌려 주변을 살폈다. 길게 뻗은 전철 칸 안에는 사람들이 듬성듬성 앉아 있었다. 손목에 찬 시계를 보니, 출근 시간이 한참 지나 있었다. 오른쪽 옆 칸에는 언제부터 있었는지 모를 사람이 신문을 넓게 펼치고 앉아 있었다. 그는 정장 차림에 군데군데 흙이 묻어 있는 구두를 신고 있었다. 다리를 가지런히 모으고 앉아 있는 것이 자연스러워 보이지는 않았다. 선우는 그를 곁눈질하며 이상하게 생각했다. 다음 장을 넘기며 시선을 느꼈는지 선우 쪽을 힐끔 쳐다봤다. 고개를 재빨리 돌렸다.

부평역쯤에서 도착을 알리는 음성이 스피커를 통해 흘렀다. 신문을 접어 무릎에 올려놓은 그는 왜소한 체격에 긴 머리를 하고 있었다. 선우는 몸이 얼어붙은 것처럼 입을 다물지 못했다. 전철이 멈추고 문이 열리자, 부평역에 내린 그는 역사 계단으로 올라갔다. 곧 문이 닫히고 출발하는 내내 사라지는 그에게서 눈을 뗄 수 없었다.

속도가 붙은 전철 안은 시설물에 쪼개진 햇살이 창문을 통해 들어왔다. 머리를 숙인 채 그가 에덴의 주인이 아닐 거라 되뇌었다. 불안감이 어느 정도 가라앉을 때쯤 고개를 들고 주변을 살폈다. 여전히 듬성듬성 자리에 앉아 있는 사람들은 졸거나 핸드폰을 만지고 있었다. 한숨을 길게 내쉬며 머리를 창가에 기댄 채, 눕다시피 다리를 뻗었다. 구름 핀 하늘이 눈에 들어왔다. 시설물을 제외하고 햇살을 가릴 것은 없었다. 그리고 전철은 종착지를 향해 계속 달렸다.

36

집에 도착한 선우는 401호 현관문을 열었다. 언제나 그랬던 것처럼 적막했다. 침대에 몸을 눕히고 어느 때보다 편안히 잠들었다. 활짝 열려 있는 창문으로 시원한 바람과 햇살이 들어왔다. 에덴 밖의 소음은 완전히 꺼졌다. 마치 다시는 깨지 않을 것처럼 깊이 잠들었다.

에덴에서 선우의 흔적은 사라졌다. 죄인이 되었다. 하지만 자신이 죄인 되었다는 것을 알지 못했다. 죄를 씻기 위해 신을 찾을 필요도 믿음을 증명할 이유도 없었다. 평안과 고통이 반복되는 인간의 삶이었다. 단지, 에덴의 주인이 더 이상 나타나지 않는 것은 신의 존재를 의심하게 했다. 언젠가 선우가 하나님을 찾게 되는 날 죄인임을 깨닫게 될 것이다. 그리고 자신의 믿음을 증명하기 위해 고심할 것이다. 그러나 신은 선우 앞에 나타나지 않을 것이다.

「인간이 죄인일 때를 알게 된다면 신의 선물을 모두 가진 것과 같다.
비로소 신의 전유물이 필요하지 않기 때문이다.」

선우는 열매를 먹었다

1판 1쇄 발행 2025년 8월 29일

저자 지성

교정 신선미　편집 윤혜린　마케팅·지원 이창민

펴낸곳 (주)하움출판사　펴낸이 문현광

이메일 haum1000@naver.com　홈페이지 haum.kr
블로그 blog.naver.com/haum1000　인스타그램 @haum1007

ISBN 979-11-7374-074-9(03230)

좋은 책을 만들겠습니다.
하움출판사는 독자 여러분의 의견에 항상 귀 기울이고 있습니다.
파본은 구입처에서 교환해 드립니다.

이 책은 저작권법에 따라 보호받는 저작물이므로 무단전재와 무단복제를 금지하며,
이 책 내용의 전부 또는 일부를 이용하려면 반드시 저작권자의 서면동의를 받아야 합니다.